佛教文化经典丛书

白话圆觉经

全注·全译·文白对照

注译◎文 行

陕西新华出版 三秦出版社

图书在版编目（CIP）数据

白话圆觉经 / 文行 注译．—西安：三秦出版社，2021.11（2025.9重印）
（佛教文化经典丛书）
ISBN 978-7-80628-179-6

Ⅰ．①白…　Ⅱ．①文…　Ⅲ．①圆觉经-注释
②圆觉经-译文　Ⅳ．① B946.8

中国版本图书馆 CIP 数据核字（2012）第 201591 号

佛教文化经典丛书
白话圆觉经

文行　注译

出版发行	三秦出版社
社　　址	西安市雁塔区曲江新区登高路1388号
电　　话	（029）81205236
邮政编码	710061
印　　刷	三河市兴达印务有限公司
开　　本	720mm×1000mm　1/16
印　　张	11.75
字　　数	133千字
版　　次	2021年11月第2版
印　　次	2025年9月第7次印刷
标准书号	ISBN 978-7-80628-179-6
定　　价	58.00元
网　　址	http://www.sqcbs.cn

总　序

佛教于公元前6世纪诞生在印度次大陆，西汉时期传入中国，与中国固有文化发生冲突和融合，使得中国传统文化变得更加丰富多彩，博大精深，逐渐形成了以儒家文化为主、以道家文化和佛教文化为辅的文化格局。这种格局几乎贯穿于整个中国封建时代。要真正了解中华传统文化，就必须了解中华佛教文化。随着社会历史的风云际会，文化潮流的峰回路转，在人类迈入新世纪之时，越来越多的人们开始把目光投向神秘的佛教文化。

佛教文化的载体就是各个时代传下来的汗牛充栋的佛教经典。正如儒家典籍分为经、史、子、集一样，佛教典籍也细分为经、律、论三大类，号称"佛法三藏"。"经"的地位最高，是佛陀为指导弟子修行所宣说的理论。因此，今天的人们最为关注的也就是这些"佛经"。

人们激赏、关注佛经，有着各种各样的动机。不管怎样，佛经毕竟已经不再局限于佛教内部，不再只是佛门弟子朝夕诵读的宝卷。学者们探幽发微，极力领悟通达无碍的大乘般若，解读出神入化的因明思辨，进而把握佛教文化与中国文化的脉络。普通人出于修身养性的需要，在接受了儒家和道家四书五经、道德南华的洗礼之后，自然而然地渴求从佛家的经典中汲取智慧和精神营养。如果说读书是千古风雅之事，那么读佛经更是被看做雅中之雅。正如明代学者陈继儒所言："闭门阅佛书，开门接佳客，出门寻山水，此人生三乐。"相信不少人就是抱着这种心态去读佛经的。

读佛经固然富有禅意，可是佛经却并非人人都能读懂，除了少数学者外，即使是终日诵习的佛门弟子，也常常受到"文字障"的困扰，更不用说一般读者了。有鉴于此，我社应读者的要求，组织国内佛教研究专家，编写了这套"佛教文化经典丛书"，选取十一部在佛教史上影响最大、在中国僧俗群众中名气最大的著名经典，详加注解破译，以便让深邃精妙的禅机法慧，化作为大众所喜闻乐见的菩提甘泉，滋溉读者的心田。这十一部经典是：《金刚经》《法华经》《圆觉经》《地藏菩萨本愿经》《六祖坛经》《楞伽经》《楞严经》《阿弥陀经》《无量寿经》《观无量寿经》《胜鬘经》。注译者抱着高度负责的态度，发扬当年译经大德的精神，潜心体悟，字斟句酌，力求使"二次传译"保持原经文的神韵，而又不失质朴和通俗晓畅。我们真诚地希望广大读者提出宝贵的意见，以便使丛书越出越好。

目 录

序 …………………………………… 001
经文注译 …………………………… 001
文殊菩萨章 ………………………… 009
普贤菩萨章 ………………………… 031
普眼菩萨章 ………………………… 041
金刚藏菩萨章 ……………………… 066
弥勒菩萨章 ………………………… 079
清净慧菩萨章 ……………………… 095
威德自在菩萨章 …………………… 109
辩音菩萨章 ………………………… 118
净诸业障菩萨章 …………………… 132
普觉菩萨章 ………………………… 148
圆觉菩萨章 ………………………… 159
贤善首菩萨章 ……………………… 170

序

《圆觉经》，全名为《大方广圆觉修多罗了义经》，一卷，唐罽宾沙门佛陀多罗译，是唐宋之后中国佛教各宗盛行讲习的经典。

经名中的"大方广"三字，大是说体大，谓此经所蕴之义包万法界而复有余，至大无外，尽含一切；方谓方正，引申为方法、轨范；广谓此经所蕴之义无所不被，周遍一切法界，无一尘刹不现，无一物不到。经名中的"修多罗"，是梵语音译，意思为"经典"、"契经"，佛教认为凡当初为释迦牟尼所说，均可称为经。所谓"契经"，是指佛祖释迦牟尼所说，无不契合真实，无不契入实理。经名中的"了义经"，是对佛祖释迦牟尼所说法的价值判定。佛教认为，当初佛祖释迦牟尼说法是针对听法人的根机来说法的，对小乘声闻像觉所说的法称为不了义经，对大乘根器者说的是了义经。

译者佛陀多罗，意为"觉救"，相传他于洛阳白马寺译出此经，唐《开元释教录》中已有此说，但未明确记载时日；罽宾乃西域古国名，又称迦湿弥罗，约在今克什米尔地区，唐代又曾指今阿富汗卡菲里斯坦。

按传统说法，《圆觉经》以单法为名，这个单法便是"心"，此"心"也被称为"大圆满觉"、"妙觉真心"、"一真法界"、

"如来藏清净心"等,也就是《楞伽经》中所说的"寂灭一心",《大乘起信论》中所说的"一法界大总相法门体",名称虽异,但所指均为惟一真实的圆觉妙心。佛教认为,世间一切无不可以统摄在凡圣、迷悟、依止、因果等一对对范畴中,这些范畴也都维系于这个"心"上。这"心"作为诸佛的本源,我们称之为法身;这"心"作为众生共同领有的存在,我们称之为佛性;总之,一切诸法都依此而建立。

此经的具体内容,是佛为文殊、普贤等十二位菩萨宣说如来圆觉的妙理和观行方法。一般分为序分、正宗分和流通分。序分叙述了佛入于神通大光明藏三昧,诸佛众生清净寂灭平等圆满不二所现净土,有文殊师利等十二大菩萨为上首的十万大众,皆入此三昧住于如来平等法会。正宗分叙述了佛因文殊师利等十二大菩萨次第请问,而依次宣说圆觉的义理和观行,分为十二章,每章先以去行问答说法,后以偈颂重宣其义。最后一章贤善首章的后半部分为此经的流通分,叙述诸金刚、天王、鬼王等誓愿护佑持此经人。

正宗分十二章的主要内容分别为:

第一文殊章,为本经的宗趣所在,宣说有大陀罗尼(即圆觉法门),流出一切清净真如、菩提、涅槃及波罗蜜,显示佛菩萨的因果行相都不外乎修正本有的圆觉道理。

第二普贤章,说示圆觉境界的修行方便,远离一切幻妄境界,知幻即离,离幻即觉。

第三普眼章,说示修习圆觉,应当正念远离诸幻,先依奢摩他行,坚持净戒,宴坐静观身心幻垢、人法二空,乃至幻灭垢尽,一切清净、觉性平等不动。

第四金刚藏章，说示圆觉本性平等不坏，众生有思惟心不能测度如来境界，故应先断无始轮回根本。

第五弥勒章，说示爱欲为轮回根本，一切众生由本贪欲，发挥无明，显出五性差别不等，依事理二障而现深浅。应发大愿，求善知识，渐断诸障，证大圆觉。

第六清净慧章，说示圆觉自性本无取证，但于除灭一切幻化修证位中，有凡夫随顺觉性、菩萨未入地者随顺觉性、菩萨已入地者随顺觉性、如来随顺觉性诸位差别。

第七威德自在章，说示修行的方便，依着众生的根性而有三种差别，一是奢摩地，二是三摩钵提，三是禅那，此三法门若得圆证，即成圆觉。

第八辩音章，说示单修奢摩他或三摩钵提或禅那一法，乃至或先或后齐修二法乃至三法等二十五种清净定轮的修行方法。

第九净诸业障章，说示觉性本净，但由众生从无始以来，妄执有我、人、众生、寿命、认四颠倒为实我体，妄生嗔爱，生妄业道，不能入于清净觉海。

第十普觉章，说示欲求圆觉，应除作、任、止、灭四种病相，以及去除诸病求证圆觉之道。

第十一圆觉章，说示修行大圆觉者，长期、中期、下期三种安居的方法，以及修习奢摩他、三摩钵提、禅那三观等方便。

第十二贤善首章，前半部分说示此经名为《大方广圆觉陀罗尼》、《修多罗了义》等五名，并信闻受持此经的功德利益等。后半部分为本经的流通分。

此经于唐代译出后，即有多件注疏，分别为唐京报国寺惟慤《圆觉经疏》一卷、先天寺悟实《圆觉经疏》二卷、荐福寺坚志《圆觉经疏》四卷、北都藏海寺道诠《圆觉经疏》三卷。真正使该经得以弘传的是唐圭峰宗密禅师（780—841），其所著《圆觉经大疏》十二卷，《大疏钞》二十六卷，《略疏》四卷，《略疏钞》十二卷，《大疏科》三卷，《道场证义》十八卷，精辟地显发了此经的意蕴；此外，他还著有《圆觉经礼忏略本》四卷，《圆觉经道场六时礼》一卷。由于宗密的弘扬，致使此经广行流传，他的疏钞即为后世学人依凭的要籍。

蒙三秦出版社之邀，我们将此经译为白话，由于学识浅陋，可能有不少错误，恳请学者大德指正。

向关心和帮助本书写作和出版的同志们谨致谢意！

注译者

大方广圆觉修多罗了义经

唐罽宾沙门佛陀多译

经文注译

【原文】

如是我闻①：

一时②，婆伽婆③入于神通大光明藏④，三昧正受⑤，一切如来光严住持⑥，是诸众生⑦清净觉地⑧，身心寂灭⑨，平等本际，圆满十方，不二随顺⑩，于不二境，现诸净土⑪。与大菩萨摩诃萨⑫十万人俱，其名曰文殊师利菩萨⑬、普贤菩萨⑭、普眼菩萨⑮、金刚藏菩萨⑯、弥勒菩萨⑰、清净慧菩萨⑱、威德自在菩萨⑲、辩音菩萨⑳、净诸业障菩萨㉑、普觉菩萨㉒、圆觉菩萨㉓、贤善首菩萨等而为上首㉔，与诸眷属皆入三昧，同住如来平等法会㉕。

【注释】

① 如是我闻：佛经一般用此四字做开卷语。"如是"指经中佛的语言，"我闻"指说经者自言其亲自所闻。"如是我闻"意为"我是这样听说的"。早期佛教的经典原无写本，其流传全凭师徒口耳相传，他们传经时皆以此四字为开场白，后来有了写本，仍沿用此为

开卷语。本经"如是我闻"之"我",当为复述本经法义的菩萨。按法义是佛在净土所说,故本经属大乘菩萨藏。

②一时:有那么一个时候,在那么一个时候。是佛祖与弟子们机感会集而说法的某一法会的时间。佛教以为佛祖释迦牟尼一生所说般若(意为智慧)法共分四处十六会,四处指佛说法的四个场所,即王舍城灵鹫峰、舍卫国给孤独园、他化自在天和王舍城竹林精舍,十六处指佛祖释迦牟尼在这四个地方所说的十六次法。本经中的"一时",具体指佛祖释迦牟尼所说圆觉般若经之时。

③婆伽婆:亦称薄伽梵,为梵文音译,意译为世尊。原为古印度婆罗门教对长者的尊称,佛教借用以尊称佛祖释迦牟尼。世尊、即一世所尊,天人所尊。佛经《大乘义章》指出:"佛备众德,为世钦重,故号世尊"。前人总结认为世尊有六种含义:一、自在;二、炽盛;三、端严;四、名称;五、吉祥;六、尊贵。

④神通大光明藏:这里指此次说法的场所,即寂光土,法身佛所在的地方。佛教通常以为佛有三身,即法身佛、报身佛、化身佛,所依国土也有三,即寂光土、实报庄严土、方便土。法身佛依寂光土;报身佛依实报庄严土,如卢舍那佛住华藏法界,曾解说《华严经》;化身佛依方便土,如今此世界的释迦牟尼,住王舍城灵鹫峰,为人、天等讲三乘法。

⑤三昧:亦称三摩地,为梵文音译,意译为"定"、"正定"或"等持"。意谓心专注一境而不散乱,为一种精神状态,佛教以此作为取得确定之认识、做出确定之判断的主观心理条件。"三昧正受"中的"正受",指三昧中的受用;"三昧正受"即正定正受,在正定中亦享有受用,说明佛自说法,佛也享受法乐,法主乃是法身报身的同一。

⑥一切如来光严住持:"如来",佛祖释迦牟尼的十号之一,意为乘"如"实之道"来"而成正觉。佛祖释迦牟尼的其他九号为:供应,即享受人、天的供养;正遍知,即能够正确遍知一切事物;明

行足,明指能知过去的"宿命明"、能知未来世的"天眼明"和能断尽烦恼得大解脱的"漏尽明"等"三明",行即身、口、意三业的正行,明行足即谓惟佛三明之行具足;善逝,即灭生死入涅槃;世间解,即世界一切事项,无不了解;无上士,即世间至高无上的尊贵者;调御丈夫,即善于说教并引导世间修行者入善道趋涅槃;天人师,即人、天的导师;佛,即自觉觉他,觉行圆满。关于佛的十号,佛教经论中尚有不同说法。"光严",以光为饰,而不是以宝物为饰。"住持",为久住护持佛法的意思。后禅宗兴起用为寺院主管僧之职称,也称方丈。"一切如来光严住持",谓一切如来所证得的乃是法性之土,恒常光寂。

⑦众生:广众之生,佛教中的众生指一切有情、即一切有性情的生物,包括天神、人、草木鸟兽等,用这些东西都有情识,故称有情。

⑧清净觉地:为对寂光土法性同一境地的形容。寂光土是一个明净而圆觉的真境。

⑨寂灭:"涅槃"的意译,指无生无灭,原生的本然状态,为大乘佛教追求的最高境界。

⑩不二随顺:"不二",亦称无二、离两边。"二",指分别、差异,就是对立,如圣凡、自他、动静、取舍等无不是二。不二是说要超越一切差别。"圆满十方,不二随顺",是对佛之法性身位于的寂光土所具有的属性的描绘。佛法身广大,无所不包,遍赅十方;寂光土中若有一法存在,十方之内便会沐有佛法的一分;佛之法体与法用无毫微差异,随顺而有,所以说"圆满十方,不二随顺"。

⑪净土:亦称净刹、净界、净国,是佛所居住的地方,与世俗众生居住的世间所谓秽土、秽国相对。佛有无数,故净土也无数,如灵山净土,莲花藏世界,密严净土,极乐世界等都是佛居之净土。本经中神通大光明藏亦为净土,故称"现诸净土"。

⑫大菩萨摩诃萨:"大菩萨"与"摩诃萨"同意。"摩诃萨"为梵

语音译之略称，全称为"摩诃萨埵"，意译即大菩萨。"摩诃"意为"大"，"萨埵"意为"众生"、"有情"。《大智度论》说："摩诃名大，萨埵名众生，或名勇心。此人心能为大事，不退不还大勇心，故为摩诃萨埵。"旧译作"大心"、"大众生"，新译有做"大有情"，意即有做佛之大心的众生。佛教认为，大菩萨应具备七个条件：一是具大根，谓其在无量无边劫以前就供养佛、法、僧三宝，做了许多功德，已于无量千万数佛前种下善根；二是有大智，即发菩提心，广渡众生而不计较众生的善恶之相；三是信大法，即能信由智慧而到达彼岸的佛教的根本大法；四是解大理，即了解众生本来是佛，都有佛性，不离众生之心来启发众生的智慧；五是修大行，即勤修六度（布施度、持戒度、忍辱度、精进度、禅定度、般若度）及一切善行，难行能行，难进能进，难舍能舍，难忍能忍；六是经大劫，即经历三大阿僧祇（极长的时期）劫，悲智双运，行愿不退；七是求大果，即追求阿耨多罗三藐三菩提（无上正等正觉）之道。

⑬ 文殊师利菩萨："文殊师利"意为"妙吉祥"、"妙德"，言其智慧深妙，难言难思。该菩萨以往为七佛之师，又协助释迦牟尼弘化佛法，本经中他是说法的发起者。

⑭ 普贤菩萨：行弥法界德无不遍称为"普"，位居等觉随心益物称为"贤"。《悲华经》记载他曾说："我誓于秽恶世界，行菩萨道，使得严净，我行要当胜诸菩萨。"宝藏佛听其言后说：以是因缘，今改汝字，名曰普贤。中国佛教以其"大行"而尊为四大菩萨之一，传峨眉山为其道场。

⑮ 普眼菩萨：喻其法眼明亮普照法界，照事法界事无不尽，照理法界理无不彻，理事遍照周遍圆融，故称其为普眼菩萨。

⑯ 金刚藏菩萨：金刚具有坚固不坏，锋利无比的性质，金刚藏喻该菩萨证法身不坏，又能以般若慧剑斩断无明烦恼，并可以顿断群疑而无量智慧。

⑰ 弥勒菩萨："弥勒"为梵文音译，意译为慈氏。按佛教传说，

该慈氏本名阿逸多,意为无能胜者。原出生于婆罗门家庭,后为佛弟子,先于佛入灭,上生于兜率天内院,经四千岁(据称相当于人间五十六亿七千万岁)当下生人间,于华林园龙华树下成佛,广传佛法。其以菩萨身修心识定,识心圆明,彻悟生死根源,并能以爱为本,慈济众生。

⑱清净慧菩萨:因其清净慧觉,无住无著,照了诸法,能随顺一切而入于圆觉,故称清净慧菩萨。

⑲威德自在菩萨:有大威势,可以摧伏魔军;有大慈德,堪能摄济群生,故称"威德"。又因其能自了自断,不住不著,故称"自在"。

⑳辩音菩萨:因其能以声音做佛事而泽济有情饶益众生,故称辩音菩萨。

㉑净诸业障菩萨:其能为众生除三种障,即除烦恼惑障、除善恶等业障、除苦果受报身的报障,故名净诸业障菩萨。在佛教教义中,惑是烦恼的总称,烦恼的产生是前世因的果报,有了烦恼,就有了惑障,就要做业;业分为三,一是身业,指人的行为;二是语业,指人的言语;三是意业,指人的思想活动。人由于烦恼而做业,三业并起,就会有善恶,就有了业障。人有了业障,就要承受因果报应,要在天、人、阿修罗(魔鬼)、畜生、地狱、饿鬼这六道中轮回。一旦进入轮回,烦恼因缘而起,永无止境。该菩萨能为众生清净诸业障,故名净诸业障菩萨。

㉒普觉菩萨:因其能普遍地启发觉醒诸众生,知道生死寂灭都如昨日梦幻,故名普觉菩萨。

㉓圆觉菩萨:能圆满显照清净觉相而证入圆觉,故名圆觉菩萨。

㉔贤善首菩萨:既贤又善,同前十一菩萨共居十万大菩萨眷属之首,故名贤善首菩萨。

㉕法会:佛教为说法、供佛、施僧而举行的仪式、集会。这里指佛说本经的那一次集会。

【白话】

本经的法义,是我本人亲身从释迦牟尼佛那里听说的。

那时,佛修行得入神通大光明藏,正定安住不惑,一切是乘如实之道而来成正觉,光明交映炳著,安住不坏不失。这是诸位众生追求的清净觉悟境界,在这个境界中,身心寂灭不妄,平等涅槃不虚。佛所证得的这个境界,实际是遍布一切处,它摆脱了生死二道,随顺迎合了涅槃正道。就是在这个境界中,才可以显现出佛国净土。其时,聚集在佛周围的大菩萨摩诃萨,总数约有十万人。文殊师利菩萨、普贤菩萨、普眼菩萨、金刚藏菩萨、弥勒菩萨、清净慧菩萨、威德自在菩萨、辩音菩萨、净诸业障菩萨、普觉菩萨、圆觉菩萨、贤善首菩萨等十二大士,在十万人中坐在上席,并率诸眷属一起入于心定安住的境界,他们和佛一样,都在法会上正定安住。

【解说】

这节经文是《圆觉经》序分中的通序部分。佛经一般都分为序分、正宗分、流通分三个部分,序分是佛经的序言、导言,正宗分是佛经的主体内容,也就是它的正文,流通分是佛经的结语、结尾。佛经的序分,一般又分为通序和别序两个部分。所谓通序是指诸多佛经通用的序,凡佛经必须具备的内容,大都是佛经的第一段文字。所谓别序是指引发某一佛经具体经义的内容,佛经的别序各不相同,因其起引发经义的作用,故也称为发起序。

一般来看,佛经的通序有固定的内容和格式,包括如是、我闻、时间、法主、处所、听众等六种要素,这被佛家称为"六成就"。在这段经文中,"如是"是"信成就",指亲自聆听佛说本经法义的那位菩萨,他确信本经的法义;"我闻"是"闻成就",指那位菩萨亲自闻听了法义的内容;"一时"为"时成就",指佛说圆觉般若法的那个时候;"佛"为"主成就",指佛为说法之主;"神通大光明藏"为"处成就"，指此处乃佛说法的处所；"与大菩萨摩诃萨十万人俱"以及其中的十二大士，为"众成就"，指这些人是闻法证法之众。相传当初释迦牟尼涅槃时，他的弟子阿难悲痛万分，涕哭不已。这时，佛的另一弟子优婆离对阿难说："你是守护佛法藏者，不要过于悲哀，应当问一下佛灭后重要的事项。"于是二人前往佛前，询问了四个问题，其中一个问题是：佛所说的法，按理应该汇结集合在一起。那么，所有经的开头，应当用什么语言呢？佛回答说：所有的经的开头均要安排上"如是我闻"，"一时"，以及佛在某地与弟子若干人俱。由此，后世佛经皆以这种格式开卷。由于这一作法是秉承佛祖的遗教，所以佛典将佛经的通序也称为"遗教序"。

另外，佛教认为佛经的通序之所以为统一格式，其中包含四种意义。一是"遵佛嘱"，即遵从佛涅槃时关于经首格式的遗嘱。二是"断众疑"，佛灭后其弟子结集经藏时，亲自聆听过佛说法的那些弟子们依次高坐法座，众生们颇感这些人和佛在世时上座说法的姿势一样，遂起三疑，一疑佛又转生或复生来说法，二疑其他地方的佛来说法，三疑那些说法的弟子们变成了佛。为了解疑，那些高坐说法的佛弟子们便开口称："如是我闻"，表示自己是继承佛的法义，而自己不是佛。三是"息诤论"，即那些高坐说法的佛弟子们和佛的其他弟子德业齐等，他们要升座宣说教法，若不推从于佛，把佛抬出来，恐怕会引起不服或争论，有了这段文字，即"如是我闻"等，就等于明确说明了所宣法义为亲自听佛所说，而不是自己的造作。四是"异外教"，即为了区别于佛教产生时古印度其他外道经文，用了"如是我闻"等，就可把佛教经文与外道经文明显地区别开来。

研读这节经文，可能会有以下疑问：如来入于三昧定中，如何有说法人？寂光土中不二法性遍于一切，又哪来的听法人呢？十二大士既然皆入三昧，与佛同住如来平等法会，他们又如何做证法人呢？佛自入三昧定中说法，听众若不入定，哪里会有十万众参与法会呢？我们可以通过佛教的一个传说来解答这些问题。以往有空生菩萨独坐山中，天帝降下花来，称赞他善于演说般若性空的道理。空生菩萨说："我可什么话都没有说啊！"天帝说："尊者，你能以不言说而说，我能以不听而听，像这样的说和听，才是真正的般若智慧！"佛与大菩萨摩诃萨十万众以及十二大士同在三昧定中而有交流，既有说法者，又有听法者，还有证法者，依靠的也就是这种不说之说和不听之听的方式吧！另外，神通大光明藏净土中，佛已正定正受，清净无别，自受自用，佛既能说法，也能自受其法和自证其法。

文殊菩萨章

【原文】

于是文殊师利菩萨在大众中,即从座起,顶礼①佛足,右绕三匝,长跪②叉手③而白佛言:大悲④世尊,愿为此会⑤诸来法众⑥,说于如来⑦本起清净因地法行⑧,说及菩萨⑨于大乘⑩中发清净心⑪,远离诸痴⑫,能使未来末世⑬众生求大乘者不堕邪见⑭。作是语已,五体投地⑮,如是三请,终而复始。

【注释】

①顶礼:佛教礼节。行礼时两肘、两膝和头着地,称为五体投地,而后用头顶礼尊者之足,故名顶礼。向佛像行顶礼,则要舒二掌过额,然后承空,以表示头触佛足。《释门归敬仪》卷下称:"经律文中,多云头面礼足,或云顶礼佛足者,我所高者顶也,彼所卑者足也,以我所尊,敬彼所卑者,礼之极也。"

②长跪:佛教礼节。行礼时两膝一齐着地,两胫翘空,两足指住地,挺身。佛教规定女尼实行长跪礼,男僧则实行互跪礼。《释门归敬仪》卷下说:"僧是丈夫,刚干事立,故判互跪。尼是女弱,翘苦易劳,故令长跪。"

③叉手:佛教一种常见礼节,也称"合十"、"合掌"。行礼时双手合掌,十指相并,置于胸前,跪、立均可行此礼,表示衷心敬意。此原为古印度的一种日常礼节,犹中国古代拱手相敬之礼,被佛教沿用。佛教认为手本两边,合拢为一,以示不敢散乱,专至一

心，摈除荒诞。此礼至今仍为世界各地佛教徒最为普遍的礼节。

④大悲：怜悯众生拔除苦难称为悲。"大悲"是赞美佛祖具有广大平等悲心，能饶益一切有情，悲心广布过去、现在、未来三世，超越九界十地，故堪称大悲。

⑤此会：指现前的平等法会，即十万众大菩萨摩诃萨与十二大士皆入三昧的法会。

⑥法众：指现前平等法会中听法与证法的大菩萨摩诃萨及十二大士。

⑦如来：如来本为佛之名号，在此节经文中，如是不动不变，来是去来随缘。若联系佛教所谓六凡法界（即天、人、阿修罗、地狱、饿鬼、畜生六者）、二乘法界（声闻、缘觉）、菩萨法界和佛法界进行分析，如来蕴义的显现和上述四法界一样，也有一个由低到高，由不圆满到圆满的过程。在六凡法界中是来而不如。天、人、阿修罗、地狱、饿鬼、畜生六凡能随业缘而来，在欲界、色界、无色界三界（佛教把此岸世界划分为三个不同的层次）中受生，心为境即三界形成的迷界苦海所累，它们见色（食欲、性欲）迷于色，闻声迷于声，心境转变不常，因此是常来而不如。在二乘法界中是如而不来。因其惟以自身解脱灰身灭智为目的，生死已了，安住不动，沉空滞寂，得少为足，又不肯为利益众生涉足俗世，视欲、色、无色三界为牢狱，观生死如冤家，因此如而不来。在菩萨法界中是非如非来。因其广运悲心，往来六道，处尘而不染，又能乘愿利生，不畏生死，既不同于声闻缘觉二乘耽迷于自我解脱中，又不同于六凡众生随业受报而终日为外境牵动，因此在菩萨法界中是非如非来。在佛法界中是既如且来。至此境界者惟佛莫是，佛在此境界中不为一切烦恼所动，也不为世间八风（利、衰、毁、誉、称、讥、苦、乐）所动，观察众生机缘成熟，示现出了下兜率宫、托母胎、出胎、出家、降魔、成道，转法轮和寂灭涅槃等八相，成于无上之道，因此是既如且来。

⑧本起清净因地法行："本起"指如来在凡夫位时，最初根本所发起修道成佛的缘由；"清净因地"是具体说明这个缘由，如来藏有本然之心，因心而清净，是如来自性清净，故称"清净因地"；"法行"指如来圆觉法性（清净心）所起的六度行。与圆觉法性（清净心）相一致，本来无贪，故修布施行；本来无染，故修持戒行；本来无嗔，故修忍辱行；本来无身诸相，故修精进行；本来无动，故修禅定行；本来无痴，故修般若行。

⑨菩萨：梵语音译"菩提萨埵"的略称，意译为"觉有情"、"道众生"、"道心众生"，汉文佛典曾译作开士、始士、高士、大士、圣士、超士、法臣等。"菩提"意为"觉"、"智"等，指对佛教真理的觉悟。"萨埵"意为"有情"、"众生"。菩萨的含义为"觉悟有情"。菩萨分为两类，一是居家菩萨，一是出家菩萨；菩萨身亦有两种，一是生死肉身，一是法性生身。菩萨是佛教"四圣六凡"说中"四圣"之一，其位仅次于佛，高于声闻、缘觉。菩萨还是佛教"三乘"之一，与声闻、缘觉二乘相比属于大乘、无上乘。此外菩萨的修行称菩萨行，其教法以达到佛果为目的称菩萨乘，经典称菩萨藏，戒律称菩萨戒。中国佛教有四大菩萨，分别为文殊菩萨、普贤菩萨、观音菩萨、地藏菩萨。

⑩大乘：梵语"摩诃衍那"的音译，"摩诃"是大的意思，"衍那"意谓"乘载"（如船、车等），或"道路"。大乘为公元一世纪左右在印度形成的区别于原始佛教的教派。大乘佛教自称能运载无量众生从生死大河的此岸到达菩提涅槃之彼岸，成就佛果，而贬低原始佛教或早期佛教为小乘，即运载量小之意。小乘佛教和大乘佛教的主要区别是：小乘佛教追求个人自我解脱，把灰身灭智、证得阿罗汉果作为最高目标；大乘佛教宣传大慈大悲、普渡众生，把成佛济世，建立佛国净土作为最高目标。小乘佛教把释迦牟尼视为人，为佛教教主；大乘佛教视释迦牟尼为神，认为三世十方有无数佛。在佛教教理上，小乘佛教只否定自我的实在性，大乘佛教不但否定

自我的实在性，进而还否定法的实在性。在修习上，小乘佛教着重于三十七品的宗教道德修养，而大乘佛教提倡以六度为内容的菩萨行。大乘佛教的主要经典有《般若经》、《维摩经》、《大涅槃经》、《法华经》、《无量寿经》、《华严经》等，《圆觉经》亦属大乘。大乘佛教传入中国后，曾在中国古代发扬光大，中国古代形成的诸多佛教宗派，均属大乘。

⑪发清净心："清净心"乃无垢无染、无相无住、无贪无嗔、无痴无恼之心。清净即离恶行之过失，离烦恼之垢染。清净一般分身、口、意三业清净，这里的清净心属于意业清净，也就是能悟得非实假有、无相无住之理的圆觉心，在思想上清除一切外相的束缚，无所执着，心地空明清净。"发……心"，是佛教极常用的一个句式，意即发……誓、发……愿，一般指发起解脱苦难、往生净土或求无上觉悟、共达佛果的愿望。本经中"发清净心"，即要追求心地空明清净圆觉无碍。"发心"是菩萨行的最根本的出发点。

⑫诸痴："痴"亦称"愚痴"或"无明"。佛教名词。"十二因缘"之一、"三毒"之一、"根本烦恼"之一。泛指无智、愚昧，特指不懂佛教义理的世俗认识。《俱舍论》指出："痴谓无明"。人所以无明，是因为"不了知谛（四谛：苦、集、灭、道）、宝（三宝：佛、法、僧）、业（三业：身业、口业、意业）、果（因果报应）。"佛教认为，有情众生所以要三世轮回，引起轮回的烦恼所以能够发生，根本原因就在于无明的作用。《大乘起信论》指出："一切法本来唯心，实无于念，而有妄心，不觉起念，见诸境界，故说无明。"意谓有了无明妄心，才有了世界一切境界。"当知世界一切境界，皆依众生无明妄心而得住持"，这样，"心生则种种法生，心灭则种种法灭"，客观世界及其存在惟心而有，无明妄心是客观世界的原始总因。"诸痴"，指诸多的无明妄心。

⑬未来末世：按佛教教义，"世"指个体一生存在的时间，这个时间包括过去（前世、前生、前际）、现有（现世、现生、中际）、

未来(来世、来生、后际),也称过去世、未来世、现在世。就众生来说,现在的生存为今生,前世的生存叫前生,命终之后的生存叫来生。"未来末世"意谓从今之后到来生来世。

⑭邪见:"见",看见,观想。古印度把各类学说体系称为"见",即指该学说体系对事物的见解,意同思想、观点、主张、主义等,如四见(外道的四种主张)、六十二见(外道的六十二种见解)。佛教的"见"含义较多。《大毗婆娑论》指出"见"有四义,即观视(观察境界)、决度(形成判断)、坚执(固执己见)、深入(深化认识)。从"见"的程度来分又有正见、邪见、恶见等。正见指正确的认识过程及形成的认识,邪见和恶见指错误的认识过程及形成的错误的观念与见解。

⑮五体投地:即顶礼。

【白话】

在这次法会上,文殊师利菩萨在大众中离座而起,用最尊贵的礼仪,即五体投地、用自己的头顶来触及佛的脚面,尔后起立右转,绕佛三圈,又长跪在佛前双手合掌,对佛乞请说:"大慈大悲的世尊,祈愿您为来参加法会的诸位弟子宣说如来清净因地法的修持,以及菩萨在大乘修行中怎样发清净心,远离诸种无明妄心,以使未来末世的芸芸众生在追求大乘境界的修行活动中,不至于堕于不正确的见解。"文殊师利菩萨说完后,再次五体投地向佛祖致礼,反复三次,以表示弟子的虔诚之请。

【解说】

此节经文是《圆觉经》序分中的别序部分。别序也称发起序,即引发本经经义的一段文字。别序和通序不同,它不要求有统一的格式规范,每部佛经的别序都不相同。

可以从两个方面来理解这节经文。

一是文殊师利菩萨在大众中起来的行为，即对佛祖释迦牟尼的礼尊，显示了他对佛教基本教义的理解，成为了他向佛祖乞请宣讲佛法具体内容的铺垫。佛教中有一个基本概念：业，其意为造作，泛指一切身心活动。佛教一般把业分为三类，即身业、语业、意业。文殊师利菩萨从本座起，在大众中五体投地礼佛双足，以自己至尊的头顶，礼佛足背，表示自己的身业恭敬；然后绕佛三圈，长跪叉手，收摄意根，安然持定，表示自己的意业恭敬；继而他又恭恭敬敬向佛祖启言，乞请宣说佛法，表示自己的语业清净。文殊师利菩萨三业恭敬清净，构成了佛祖释迦牟尼开始说法的因缘。

二是文殊师利菩萨乞请佛祖宣讲佛法的内容，第一是问如来在尚为菩萨时修的因，即如来因地发心，所依何等法、所修何等行，才得而成佛。第二是问现在的菩萨于大乘中已经发了清净愿成佛并度脱众生之心，但尚不知如何用心修行，如何才能得正知见，而不堕邪见。文殊师利菩萨希望佛祖释迦牟尼就这两个问题能开示大众，以利末世中的众生，使其发大乘心时因此而得利益。

《圆觉经》从下文开始，就进入了经的正文部分，即正宗分。正宗分先发标真宗，立起总冠，然后每章都阐述痴（无明）会障碍正修，如果远离诸痴，正修自然就会有所成就。佛祖释迦牟尼在本经中宣讲法义，就是围绕这一中心思想展开的。

【原文】

尔时[1]，世尊告文殊师利菩萨言：善哉[2]！善哉！善男子[3]！汝等乃能为诸菩萨，咨询如来因地法行，及为末世一切众生求大乘者[4]，得住正持[5]，不堕邪见，汝今谛[6]听，当为汝说。

时文殊师利菩萨奉教[7]欢喜，及诸大众，默然而听：

善男子！无上法王[8]有大陀罗尼门[9]，名为圆觉[10]，流出一切清净真如⑪、菩提⑫、涅槃⑬及波罗蜜⑭,教授菩萨⑮。一切如来本起因地⑯,皆依圆照清净觉相⑰,永断无明,方成佛道⑱。

【注释】

①尔时:这时。

②善哉:佛教信徒常用的赞叹词。

③善男子:即为善的男子,指内心存善、身有善行、口有善语、皈依三宝信奉佛法的男子。佛经中往往呵斥女人,在修证方面又常说女人障业沉重,不能成佛,必先转化为男身才能证得佛果。故此处佛祖仅言男子。

④求大乘者:此处"大乘"指大乘之行果,即修大乘行,证大乘果。

⑤得住正持:意谓获得相对稳定的正确认识,并表现在日常的修持活动中。

⑥谛:详细、仔细。此处"谛"不是佛教"四谛"之"谛"。

⑦奉教:奉承教诲。

⑧无上法王:"无上",至上、最高。"法王",佛教徒对佛的尊称,有"大慈法王"、"大乘法王"等,均为对佛的尊称,但在本经中,"法王"含义还须细究。"法"是梵语意译,音译为"达摩"或"达磨"。"法"是佛教的基本概念和基本范畴。其本意是"轨持",《成唯识论述记》卷一解释说:"轨谓轨范,可生物解;持谓住持,不舍自性。"按此,"轨"意谓有一定的规范或规律,人可以认识;"持"意谓有自性或质的规定性。可见,"法"这个概念有两方面的规定,即有自身的特性和轨范并能使人理解。"法"的具体含义相当复杂,在佛教文献中最常见的有两种用法:一是指佛的教法,或称佛法,如"佛、法、僧"三宝中的法就是这个意思;二是指成分、

事物和现象,既泛指一切事物和现象,包括物质的和精神的、存在的和不存在的、过去的和未来的,如佛经常有的"一切法"、"三世诸法"等,也特指某一事物和现象,如"心法"、"色法"等。"法王"中"法"的含义当属第一种。"王"在这里相当于"自在"的意思。"无上法王"意谓佛证得了无上觉悟之道,是诸法中最为殊胜者,可称诸法之王;得此觉悟之道,就能处自在之境。故称无上法王。

⑨ 大陀罗尼门:"陀罗尼",梵语音译,意译为"总持"、"总摄",即能从总体上把握、持摄一切诸法。"门"在此处为喻指,意谓一切有染或清净的因果,都以圆觉妙心为本体,一切凡圣愚贤,无不从此中出入,故喻为"门"。

⑩ 圆觉:字义为圆满的灵觉,但在本经中是真如、佛性、如来藏、一切法界的别名,是一切存在的总根源。

⑪ 真如:亦称"如"、"如如",早期佛教经典亦译为"本无",佛教常用名词,意为事物的真实状况、真实性质。各个佛教宗派从不同角度亦称其为"性空"、"无为"、"实相"、"法界"、"法性"、"实际"、"真实"、"实性"、"佛性"、"法身"等,它们均属同一概念。佛教一般把它理解为绝对不变的永恒真理或本体。《成唯识论》卷九解释说:"真谓真实,显非虚妄;如谓如常,表无变易。谓此真实,于一切位,常如其性,故曰真如。"意即真如是真实存在永住不变绝对的存在。《大乘起信论》把先天具有佛教全部功德而永恒不变的"真心"称为真如。这样,佛教常讲的"一心"也即是真如,"如来藏"、"如来法身"均也是真如。本经中此处真如即取此义。另外,佛教中观学派和般若各家都以"性空"为"真如",亦称为"诸法实相"。《摩诃般若波罗蜜经》中说:"诸佛无所从来,去无所至,何以故?诸法如不动故。……是诸法如,诸如来如,皆是一如,无二无别,菩萨以是如入诸法实相。"如的特性是不动、无别,而世俗的认识总是以思维的分别活动为特性,与如不能相容,被佛教称为"虚

妄分别"、"假名不实",均属"空无所有",此即谓之"性空"。"性空"是表示与世俗认识的假有对立,故亦称"本无";其相对世俗认识之做的"假相",又称为"实相"。

⑫菩提:梵语音译,意译为"觉"、"智"等,指对佛教真理的觉悟。旧译曾借用老、庄术语,译为"道",谓通向佛教涅槃之路。《成唯识论述记》卷一说"梵云菩提,此翻为觉,觉法性故","古云菩提道者,非也。"广义地说,凡断绝世间烦恼而成就涅槃之智慧,通称为菩提。《大智度论》卷四指出:"菩提,名诸佛道。"此与佛教最高智慧般若含义相近。由于菩提这一概念涉及对佛教根本义理的理解,各宗派在运用上也不尽相同。《维摩诘经》注指出:"道之极者,称曰菩提,……盖是正觉无相之真智乎。"此即以觉知无相之般若智慧为菩提。《大乘起信论》以"觉"为"法界一相"、"如来平等法身",此即以先天具有的佛性为菩提。另有一种菩提,惟佛才有,全称阿耨多罗三藐三菩提。《圆觉经》此处"菩提"含义即为《大乘起信论》所释之义。

⑬涅槃:梵语音译之略称,全称为"涅槃那",旧译为"泥日"、"泥洹"、"泥畔"等,意译为"灭"、"灭度"、"寂灭"、"无为"、"不生"、"解脱"、"安乐"等。唐代以前,多译为灭或灭度,唐代之后,多译为圆寂。是佛教全部修习的最高理想,一般指熄灭生死轮回而后获得的一种精神境界。佛教认为,人生皆苦,三界无安,犹如火宅,苦的原因就是因为烦恼和业(各种思想语言行为),特别是由于世俗欲望和分别是非之观念。涅槃即是对生死诸苦及其根源烦恼和业的彻底断灭。《大乘义章》卷十八指出:"外国涅槃,此翻为灭。灭烦恼故,灭生死故,名之为灭。离众相故,大寂静故,名之为灭。"涅槃境界是佛教的彼岸世界,一旦进入了涅槃境界,就会神秘莫测,永恒寂静。后秦高僧僧肇在其《涅槃无名论》中说:"涅槃之道,盖是三乘之所归,方等之渊府。渺漭希夷,绝视听之域,幽致虚玄,殆非群情之所测。"涅槃分类很多,一般分为有余涅槃和无余

涅槃两种。前者也称有余依涅槃，指断除贪欲，断绝烦恼，那已灭除了生死之因，但作为前世惑业造成的果报身（肉身）还留在世间，还有思想活动，是不彻底的涅槃。后者是相对前者而言，是比前者更高一个层次的涅槃。在这个涅槃境界中，不仅灭除了生死之因，也灭尽了生死之果，已达到灰身灭智，捐形绝虑，不再受轮回转生之苦，彻底得到了解脱。

⑭波罗蜜：梵语音译之略称，全称为波罗蜜多，意译为"到彼岸"、"度彼岸"、"度无极"、"度"等。意谓从生死迷界的此岸到达涅槃解脱的彼岸。《大智度论》卷十二说："波罗（秦言：彼岸）蜜（秦言：到），……成办佛道，名到彼岸；复次于事成办，亦名到彼岸；……以生死为此岸，涅槃为彼岸。"大乘佛教认为有六种方式是从生死此岸到涅槃彼岸的有效途径，称六波罗蜜多，分别为：布施度、持戒度、忍辱度、精进度、禅定度、智慧度。以上六度与戒学、定学、慧学等三学，合称三学六度，是大乘佛教修持的全部内容。《大品般若经》卷一说："菩萨摩诃萨以不住法住般若波罗蜜中，以无所舍法应具足檀那（布施）波罗蜜，施者受者及财物不可得故；罪不罪不可得故，应具足尸罗（持戒）波罗蜜；心不动故，应具足羼提（忍辱）波罗蜜；身心精进不懈怠故，应具足毗梨耶（精进）波罗蜜；不乱不昧故，应具足禅那（禅定）波罗蜜；于一切法不著故，应具足般若（智慧）波罗蜜。"大乘佛教之慈恩宗（法相宗）将六波罗蜜中的"智慧度"扩展出"方便善巧"、"愿"、"力"、"智"等四波罗蜜，合称十波罗蜜，作为菩萨修持的胜行。

⑮教授菩萨：谓从陀罗尼门中流出的"真如"、"菩提"、"涅槃"和"波罗蜜"等，为教授菩萨的法门。即是说菩萨如果要求证菩提涅槃的果报觉悟，就只能依此清净真如作为因地心，修诸波罗蜜，依因感果，才能圆成果地之觉悟涅槃。

⑯一切如来本起因地："一切如来"，在这里指有了果觉之人，即有清净圆觉心的人；"本起因地"，意谓有清净圆觉之心的"一切如

来"，之所以有了果觉，就是由于其能因地而起，即因清净圆觉之心而起，这便是成佛的根本。

⑰ 相：即事物之相状或特征，表于外而想象于心者。有的也译为"想"。佛教一般有我相、人相、众生相、寿者相的分别。我相指于五蕴法中计有实我，有我之所有也；人相指于五蕴法中计我为人，异于余道也；众生相指于五蕴法中计我依五蕴而生也；寿者相指五蕴法中计我一期寿命，成就而住，有分限也。佛教认为人是色（地、水、火、风）受、想、行、识五蕴在一定条件下的暂时聚合，所以人惟有假名，而无实体，由此得出人我空的结论。此处的"觉相"是指圆觉妙心实相理体，依此理体才能起智用，反过来以智用再照彻理体。

⑱ 佛道："佛"，梵语音译之略称，全称为："佛陀"，亦称"佛驮"、"浮陀"、"浮屠"、"浮图"等，意译为"觉者"、"知者"、"觉"。觉包含三义，即自觉、觉他（使他人觉悟）、觉行圆满。据佛教教义，凡夫三觉全无，声闻、缘觉只是自觉，菩萨能自觉觉他，但觉行尚未圆满，惟有佛才三觉俱全，大彻大悟。因此，佛为大乘佛教修行解脱的最高果位，佛也不仅仅指释迦牟尼，还泛指一切觉行圆满者。这里的佛即为此意。"道"，原义为"道路"，佛教取其能通之义，引申为在修行解脱过程中，可使众生得到佛教觉悟，从而趋向涅槃的佛法，如佛教之四念处，四正勤、四如意足、五根、七力、七觉、八正道等皆称为道，或称为佛道。

【白话】

文殊师利菩萨礼佛启请完毕后，这时，佛即开口对他说：善哉！善哉！善男子，你能为诸菩萨咨询如来因地修行法，为将来末世的一切众生乞求大乘正道，使他们能得到正法的修持之道，没有烦恼，没有过失，不至于堕入不正确的邪见之中。那么，现在你就仔细地听着，我将为你们演说这一根本大法。

文殊师利菩萨听佛将要亲自说法，觉得自己能奉承而得佛的教诲，内心充满欢喜。十万与会大众顿时鸦雀无声、默默地开始听佛说法。

佛说道：善男子们，无上法王有大陀罗尼门，它的名字叫做圆觉。它能流出不受污染，不妄不变，圆寂空性的一切清净佛性以及成佛的觉悟，它还能流出修持的最高境界——涅槃的智慧和由生死此岸到涅槃彼岸的根本方法——波罗蜜，并依此来教诲授受菩萨行的修持者。一切如来的本起因地，即如来生起的最初的觉悟心地，无不依靠的是圆满遍照的清净觉悟的相狀，这样才是永远断除无明，从而成就佛果之道。

【解说】

这段经文直截了当地说出了圆觉的真宗旨。圆觉乃无上法王的陀罗尼。说穿了，圆觉即指妙一真心，无上法王有之，一切众生也有之，只不过是无上法王证得了无上觉道，得以自在的缘故。而一切众，虽也有妙一真心，也有清净圆觉之相，但他们不能自知。所以，这好比宝贝埋在尘境中，埋在了地底下，虽然本有富贵而遭受贫穷，甘于愚昧。圆觉是一心之法，是总相法门，外延最为广大。而一切诸法是别相，都有具体所指。圆觉作为一心之法，作为总相，与一切诸法的关系是一般和个别的关系，同黄金这一抽象概念与一切具体金器的关系一样。佛教认为，不是一般存在于个别之中，而是个别具体存在于一般之中，个别和具体的事物是从一般的存在中分离出来的。所以，作为总相法门的圆觉即一心之法，可以流出一切清净真如、菩提、涅槃及波罗蜜等。这些，又都是教授菩萨修持的法门，菩萨如果求证菩提涅槃之果地觉悟，只能依此清净真如作为因地心，修诸波罗蜜，依因感果，才能圆成果地之觉悟涅槃。

更为重要的是，圆觉即一心之法，是一切如来因地所发之心。如来乃果觉之人，果觉不离因心，本起之因心，便是成佛的根本。

所以，一切如来，本起于因心，并无别法，皆依圆觉自心的智慧遍照，这才使如来所有之妙一真心还照清净本然的觉悟相状。

《圆觉经》的正宗分共有十一重问答，这段经文是第一重问答的引子，说明了圆觉之真宗旨，下文将进一步论证因地法修行的缘由，而后十重问答，皆论述如何因地法修行。

【原文】

云何无明①？善男子！一切众生②，从无始③来，种种颠倒④，犹如迷人，四方易处，妄⑤认四大⑥为自身相⑦，六尘⑧缘影，为自心相⑨，譬彼病目，见空中华⑩及第二月⑪。善男子！空实无华，病者妄执⑫，由妄执故，非惟惑此虚空⑬自性⑭，亦复迷彼实华生处，由此妄有轮转生死⑮，故名无明。善男子！此无明者非实有体，如梦中人，梦时非无，及至于醒，了⑯无所得，如众空华，灭于虚空，不可说言有定灭处。何以故？无生处故。

【注释】

① 无明：即"痴"、"愚痴"。此处无明包括：一、根本无明；二、枝末无明。

② 众生：即"有情"。此处专指"六凡二圣"。"六凡"即指天、人、阿修罗（魔鬼）、畜生、饿鬼、地狱；"二圣"指声闻、缘觉。

③ 无始：众生与诸佛如来并没有本来的区别，只因最初的一妄念动，便生无明，这叫做无始无明，由于这种无明无因，没有最原始的相状，故称无始。

④ 颠倒：仍指无明。迷真起妄，不动而动，即是颠倒；本来无我，妄执实我，本来无法，妄执实法，所以说种种颠倒。

⑤妄：不真，特指与佛教真如相异。佛教认为，妄是第一性的本元，是无从追寻其因的，"妄元无因，若有所因，不名为妄，既称为妄，云何有因？"

⑥四大：佛教认为物质现象由四种基本原素构成，即地水火风，被称为四大。因四大能造作一切物质现象，故又被称为："能造四大"，被造作之物称为"四大所造"。佛教认为，四大的作用分别为地能持（保持）、水能摄（摄集）、火能熟（成熟）、风能长（生）；其属性为地坚、水湿、火暖、风动。世界万物和人的身体，均由四大组成。佛教以此来说明人身无常、不实、受苦。在佛教教义中，被四大所造作之物统称为色法。色法是佛教基本概念"法"的一种，具体指有质碍或变碍之物，即物质现象，包括人的身体。色法一般分为三类十一种，一是五根，即眼、耳、鼻、舌、身；二是五境，即色、声、香、味、触；三是无表色，即以身、口发动之善恶二业，这是生于身内之一种无形的色法，是色而不能表现于外的一种现象，如由持戒而引起的一种防非止恶的精神作用和由禅定所产生的种种与色、声、香、味等的有关幻想等，它们的根源都是四大的蕴集或衍生物。

⑦自身相：谓自身的相状与特性。在佛教教义中，"身相"二字特指佛祖释迦牟尼的百福相、功德相及各种殊妙之相，如三十二相、八十种好等。一般来看，佛祖释迦牟尼的身相具体化为三相。一是生相，指佛祖释迦牟尼降生；二是住相，指佛祖释迦牟尼在世八十年；三是灭相，指佛祖释迦牟尼在拘尸那迦双树林中入灭。佛教认为，佛祖释迦牟尼有报身、法身与应身的区别，他的各类身相只是应身之相，是有形有体的应身之相，这种变化，是随机应变、幻化无常的，所以，佛祖释迦牟尼的身相也是虚妄不真的。这种无常的身相不同于如来佛湛然寂静，无形无象之法身。"自身相"在这里是指众生妄以四大假合身为自我，妄认为自身的皮肉筋骨属地大，体液精血属水大，周身暖融属火大，气息出入属风大，但四大本来假

合为身，其实并没有自我，众生遗失了本来清净和平等法身，故妄以四大为自身相。

⑧六尘：亦称六境。六妄、六衰、六贼。佛教"十二处"中的"外六处"，"十八界"中的"六境"界。指眼、耳、鼻、舌、身、意六识所感觉认识的六种境界，即色、声、香、味、触、法。《俱舍论》卷二说："六根六识十二名内，外谓所余色等六境"。系根据识体作用不同，对认识对象所作的分类，如眼能视色，耳能听声，鼻能嗅香，舌能尝味，身有所触，在这一因果联系中，后者为前者的境界。法作为意识的境界，范围最广，包括人的一切认识对象。《俱舍论》卷二又指出："十八界中，色等五界如其次第，眼等五识各一所识，又总皆是意识所识。"大乘佛教一般认为识外无境，故六境均一心之变现。此六尘或六境因能引人迷妄，故称六妄；因能令善衰灭，故称六衰；因能劫持一切善法，故称六贼。经文这里的六尘，专指第六意识，即心。这心，依《楞严经》，称呼为前尘分别影事，依于外在的六尘之境，心对于境分别好丑，产生爱憎。佛教认为，现前的认识境界如形，由第六识即意识或心产生的内在形象如影，第六识中的影象随尘起灭。尘有则有，尘灭则灭，心本来没有自体，故称为六尘缘影。

⑨自心相："心"为佛教常见名词之一，分类很多。此处之"心"，梵语音译为"质多"、"质多耶"、"质帝"，为一切精神现象的总称，与"意"、"识"等概念相同。《俱舍论》卷四指出："心、意、识，体一"。佛教把一切属于心的现象，统称为"心法"，其中又包括两种，一是"心王"，即眼、耳、鼻、舌、身、意六识的识体本身，为精神作用的主体，主要指与所对境界相接触而形成分别、虑知及积累和保有经验等能动作用；二是"心所"，也称"心所有法"，指相对于心王而起的心理活动和精神现象。"自心相"谓众生因遗失了本妙明觉，寂灭了真心，妄认为缘尘所起的分别心为自己的真实心相，并认为它有大功能。

⑩华：同"花"。

⑪第二月：谓眼有疾而见月中有重影就认为有两个月亮。

⑫执：即执着。佛教认为，一切色法即一切事物从其现实存在来看，都有有为四相，分别为生、住、异、灭，谓事物形成后具有相对的稳定性。但佛教又认为，任何事物又都是"无住"即"不住"的，事物不会凝住于自身不变的性质，而总是处于因缘联系和生灭无常之中。所以，人的认识也不应该以固定的概念当作事物固有的本质，亦即不应认其为真，视其为实，也不应妄自分别和计度思量。人一旦停留于事物表面存在的认识之上，视其为真实，即称为执着，这是影响认识佛教智慧的最大障碍，与佛教主张的："无住"或"不住"直接对立。

⑬虚空："空"，梵语的意译，音译为"舜若"。意指事物虚幻不实，或指理体之空寂明净。即谓世界一切现象皆是因缘所生，刹那生灭，没有质的规定性和独立实体，假而不实，故谓之空。然而，空不是虚无，因缘幻化名为假有，否定假有，被佛教称为恶取空，也是不正确的。佛教讲空，说法不一。一般小乘佛教认为"人我空"，亦即"无我"、"人无我"，从另一个角度又称为"分析空"，即从统一物之可分解为若干部分和因素，物之生灭变化过程，来说明事物不实和不存在，因为小乘佛教认为"人我"是色、受、想、行、识五蕴的假和合而成，处于十二因缘的流转之中，故"人我"为空。大乘佛教一般主张"二空"，即在主张"人我空"之外，还认为"法我空"，亦即"法空"、"法无我"，从另一个角度又称为"当体空"，即无须经过分解，现象自身即是空。即如《般若心经》讲："色不异空，空不异色，色即是空，空即是色。"大乘中观学派等着重就因缘法自身讲空，如《中论·观四谛品》说"因缘所生法，我说即是空"。另外，瑜伽行派等着重就"万物唯识"讲空，如《成唯识论》卷七说："依识所变，非为实有"。大乘佛教各派从我法二空又推衍出三空、四空、六空以至十空、十八空、二十空等。"虚空"在这里

指无边无际、永不变易、无任何质碍而容纳一切色法（物质现象）的空隙、空间。《俱舍论》卷一说："虚空但以无碍为性，由无碍故，色于中住。"佛教一般认为虚空还有三个特性，一是遍一切处，二是宽广高大，三是究竟不穷。

⑭ 自性：梵文意译，指一切有为法，因缘所生，没有自己固定的性质。《小品般若经》指出："是法皆离自性，性相亦离，……譬如所说我、我法毕竟不生，一切法性亦如是。"谓自性皆是人的名言概念，强加于因缘法上，如幻如化，虚妄不实。

⑮ 轮转生死：谓在生死中轮回转世。

⑯ 了：全部、全。

【白话】

什么是无明呢？善男子！一切众生本来没有生死，由于因缘所生万法，所以无有无始，只因认识上的种种颠倒，就像迷途的人一样，分不清四方，东奔西窜，寻找出路。颠倒表现在虚妄地执着地、水、火、风四种元素组合成了自己的身体，又把眼识、耳识、鼻识、舌识、身识、意识六种识与色、声、香、味、触、法六种尘俗之境所缘的幻影妄执为自己的心相，正如有眼疾的人眼里幻见空中有花，看见月亮有重影就认为有两个月亮一样。善男子！空中实际上并无花可言，这只是病人的妄心幻执而已。由于有了这种妄心幻执的认识，进而不但把迷惑的空花当作虚空的自性或本质，而且还看不出产生空花认识的错误根源何在。所以，若执空花为实有，则必定要轮转于生死之中。这便是无明。善男子！这种无明没有自己的实在自相，只是一种虚幻的存在或认识，就像做梦的人一样，梦中见物以为是有，醒来时空无一物，全然没有任何所得。又如空花是在虚空中消失的，谁也不能说出它有固定的消失之处。为什么呢？因为它本来就空幻不实，本来就没有生处。

【解说】

这节经文用比喻的方法，解说什么是无明，什么是无明的本体和相状。

无明有根本无明和枝末无明两者，佛祖解说无明，是为了使众生除去无明。无明，无所明了，不明圆觉真心，不明诸法系幻相，不明众生与佛平等，不明我法皆空。

无明的根本原因是什么呢？无明即是愚痴，即是根本不觉悟之心，亦即是最初之妄念；只是因为最初的一妄念动，便生无明。《楞严经》有"性觉必明，妄为明觉"的说法，谓性觉本来具备妙明，不用再加说明和解释，如果对觉体强加说明，强加发明，则妄由此生，无明就会泛起来，妙明也就会变为无明，性觉也就转为妄觉了。这样无明也就是颠倒，也就是妄执。迷真起妄，不动而动，即是颠倒；本来无我，妄执实我，本来无法，妄执实法，即是妄执。

因为无明妄执而会产生种种颠倒。但是，不仅误执的由四大组合的身以及由意识所缘引的心境本无实体，就是能执的无明妄心，也不是实体存在。为什么呢？这是依他起性造成的。众生有迷有觉，迷之中似有，觉醒后则无，而能有迷觉功能的众生，本来也是无生无灭的。所以说无明无体，但由一念妄动而有，非实有存在的自体可得。若说无明有体，也完全是无明障碍所致的幻相。

【原文】

一切众生，于无生①中，妄见生灭，是故说名轮转生死。善男子！如来因地修圆觉者，知是空华②，即无轮转，亦无身心受彼生死③，非作故无④，本性无故⑤。彼知觉⑥者，犹如虚空，知虚空者，即空华相，亦不可说无知觉性。有无俱遣，是则名为净觉随顺。何以故？虚空性故，常⑦不动故；如来藏⑧故，无起灭故，无知见⑨故；如法界性⑩究竟⑪圆满遍十方故。

是则名为因地法行。菩萨因此于大乘中发清净心，末世众生依此修行，不堕邪见。

尔时世尊，欲重宣此义，而说偈⑫言：

文殊汝当知，一切诸如来，从于本因地，皆以智慧觉。了达于无明，知彼如空华，即能免流转，又如梦中人。醒时不可得，觉者如虚空，平等不动转，觉遍十方界。即得成佛道，众幻灭无处，成道亦无得，本性圆满故。菩萨于此中，能发菩提心，末世诸众生，修此免邪见。

【注释】

① 无生：没有生，无有生，意谓一切众生由圆觉之心本无生无灭。

② 华：通"花"。

③ 亦无身心受彼生死："身"谓四大所成者，"心"谓第六意识缘境者，"生死"谓轮转生死。

④ 非作故无："作"，作意，造作，施以功用。意谓众生本无生死，并不像声闻乘那样，通过分析而使之不存在；也不像缘觉乘那样，通过类推而使之不存在，又不像菩萨乘那样，修种种幻行，以幻灭幻而使之不存在。也就是说，不是刻意造作而使众生不生不灭不存在的。

⑤ 本性无故：谓由圆照清净觉相本性，身心生灭自无。

⑥ 知觉："知"谓"知是空华"之知，因此知是与圆照清净觉相本体相称的真知，故称"知觉"。

⑦ 常：恒。

⑧ 如来藏：意谓一切众生藏有本来清净的如来法身，亦即佛性。《佛性论·如来藏品》对此有三种解释：一是所摄，谓世间一切众生

皆为如来之性即真如所摄，故可谓一切众生都是如来藏；二是隐覆，谓如来之性，被烦恼隐覆不显，众生不见，故名为藏；三是能摄，谓真如虽在众生烦恼之中，但含有如来一切功德。上说中第一含义指如来藏为世界众生的本体，第二、三含义指众生成佛的可能性或依据。

⑨知见："知"指知觉，"见"指看见、观想。

⑩法界性：意同"如来藏"，体同义别，在有情性中称如来藏，在非有情性中称法界性。

⑪究竟："究"，考究、探究，"竟"，到头、彻底。

⑫偈：亦译"颂"、"讽颂"、"弧起颂"，梵语音译为"伽陀"、"伽他"、"偈陀"等，为佛经中的特有文体。种类不一，常见有两种，一是通偈，固定由梵文三十二音节组成，直接阐明一定的主张或义理；二是重偈或重颂，即对上文的内容进行总结性的复述。此处偈为后者。

【白话】

一切众生都是处于无生之中，但他们却妄见有生有灭，因此就轮转于生死之中，而不得解脱。善男子！像如来那样因地修行获得圆满觉悟的人，必定掌握了空花无实的认识，因而他就不会在生死中轮转，也不会让身心受生死轮转的束缚。这不是因为由他刻意造作施以作用而决定的，而是他本身具备的那种圆照清净的空无自性或性质所决定的。所以，达到了觉悟的人，和虚空一样能够体认虚空，体认了虚空的人，就体现了空花无实之相。这是一种既不能用语言来描述，又不能用智慧来观照，而且不管是有抑或是无都被排遣掉的境界。到了这个程度，就可以称为净觉随顺，即主体的心和心外的客观环境两者都被忘掉，进入了一种虚空的境界，随心运行而无有障碍。为什么呢？因为虚空的性质是恒常不动的，本来就属空寂。有情数的如来藏一心中既无生起，亦无可灭，自然也不会有知见可言；非情数的法界性则究竟虚空圆满，遍处十方。所以它们被称为"因地法修行"。诸位菩萨将这种修行法运用于大乘行的实践中则发起清净心，末世的众生也依照此法修行就不会再堕于不正确的偏见里了。

世尊宣说完后，为了再强调他的上述教法，于是又用偈语总结道：

文殊汝当知，一切诸如来，从于本因地，皆以智慧觉。了达于无明，知彼如空花，即能免流转，又如梦中人。醒时不可得，觉者如虚空，平等不动转，觉遍十方界。即得成佛道，众幻灭无处，成道亦无得，本性圆满故。菩萨于此中，能发菩提心，末世诸众生，修此免邪见。

【解说】

《圆觉经》认为身心生死源于无明，它又进一步认为无明本空，即无明也不是实有之体。那么，又何以有生死呢？一切众生于圆觉中本无灭，妄见便会有生有灭，便会轮转生死，但这并不是说圆觉也有轮转生死。经文在前面喻说空花灭时，特别强调不能认为虚空境界中有空花灭处，因为本来就没有生处，何言灭处。这里说无明灭处，也不能认为圆觉性中一定有无明灭处，因为本来就没有生的缘故。花起花灭，与虚空境界不相关连；无明起灭，也与圆觉性不相关连，不能一定说它灭于哪里。《楞严经》指出："此迷无本，性毕竟空。昔本无迷，似有迷觉，觉迷迷灭，觉不生灭。"

经文接着进一步认为，圆觉之体，灵灵不昧，了了常知，不落于有无二边，这才是大彻大悟的真知。真知是与觉体相称的，也就是圆照觉相的智光，本来离念，不落有知，也不落无知，所以说像虚空一样。因为真知之体，犹如虚空，不可以用有知或无知来论说。《起信论》所谓"离念相者，等虚空界，性自神解，不落有无"便是这个道理。如果说有知，把虚空作为知之觉悟，便是执药成病；如果说无知，就等于取消了圆觉的智照之功。总之，若以有知无知来论说，即是随顺无明，不是随顺净觉。必须坐断两头，有无俱遣，才是随顺清净觉悟，也就是真知。

为什么要有无两边都不著呢？这是因为圆觉清净本性如虚空，恒常不动，也就是平时所说的真性绝待、照体独立、不迷不觉的意思。简言之，清净觉相常住寂灭相，湛然而不动。那么，向何处求这个圆觉清净的本性呢？简单地说，就是如来之性含藏于众生之中，经文中谓如来藏。如来藏也就是圆觉真心。《楞伽经》谓："寂灭名为一心，一心者，名如来藏"。众生人人本具圆觉真心，也就是如来之性或佛性。大乘佛教所以认为众生是佛，就是因为众生人人都有佛性的缘故。本心是佛，但必须修道，如来也不是有因地法行吗？本心是佛，所以该向自心求佛，不能外求，否则就成了骑牛觅牛。所以，该向自心中求圆觉真心。该向如来那样，本起清净因地法行。因地就是以圆智照圆理，照空所幻身心之境，照破能患无明之惑，而后又将能空之智也归于无作，只有真如佛性照体独存。

《大乘起信论》在论述如来藏时指出："依一心法，开二种门，一者心真如门，二者心生灭门。生灭门中，复有觉、不觉二义。"在《圆觉经》经义中，圆觉即是一心法，为大总持门。清净觉相是真如门，因为真如界中不玄一尘，故说清净。生灭门中，无明颠倒，妄认妄执，由真而起妄，即是不觉；因为不觉，便要返染还净，此即为觉。经文中"知是空花"的"知"便是觉。因此，佛祖释迦牟尼要求菩萨依据圆觉本性，发大菩提心，圆照清净觉相，真智一照，妄感顿空，诸病自离；要求末世众生，如有修习大乘者，也应依此进修，方可免除邪见，舍此则不是正道。

普贤菩萨章

【原文】

于是普贤菩萨在大众中,即从座起,顶礼佛足,右绕三匝,长跪叉手而白①佛言:"大悲世尊!愿为此会诸菩萨众,及为末世一切众生修大乘者,闻此圆觉清净境界,云何修行②?世尊!若彼众生,知如幻③者,身心亦幻。云何以幻,还修于幻④?若诸众生,本不修行,于生死中,常居幻化⑤,曾不了知如幻境界,令妄想心⑥云何解脱⑦?愿为末世一切众生,作何方便⑧,渐次修习,令诸众生,永离诸幻。"作是语已,五体投地,如是三请,终而复始。

【注释】

① 白:下对上陈述、告诉。

② 修行:佛教徒依据佛教教义修习行持的总称。内容包括三学:一是戒学,即戒律,防止身、口、意三不清业。二是定学,即禅定,修持者思虑集中,观悟佛理,灭除情欲烦恼。三是慧学,即智慧,能使修持者断除烦恼,达到解脱。上述修行内容又被扩而成三十七道品。道品乃梵语意译,亦译为菩提分,觉支等,意为达到佛教觉悟,趋向涅槃的途径,因分为七种三十七项,故称三十七道品。三十七道品的七种内容为:一是四念处,亦称四念住,指在精神专注的状态中按照佛教教理认真思虑身是不净,受是苦,心是无常,法是无我,以此破除那种以不净为净,以苦为乐,以无常为

常，以无我为我的四颠倒的思想。二是四正勤，亦称四正断、四意断、四正胜，意为四种正确的努力。即努力防止生恶；已生恶，当努力断除；未生善，当努力生善；已生善，当坚持到底，令其圆满。三是四如意，亦称四如意足、四神足，是喻意神通所赖以产生的凭借或基础。四如意就是四种可以得到神通的禅定，即由想达到神通的意欲之力发起的禅定，由心念之力发起的禅定，由不断止恶进善力发起的禅定，由思维佛理之力发起的禅定。四是五根，指修行佛教所依靠的五种内在条件，即信根，指对佛教的信仰；精进根，指四正断；念根，指四念处；定根，指四禅（初禅、二禅、三禅、四禅）；慧根，指四谛（苦、集、灭、道）。五是五力，指由信根等五根的增长所产生的五种维持修行、达到解脱的力量。即信力、精进力、念力、定力和慧力。六是七觉支，亦称七觉分、七等觉支、七觉意、七菩提分，指达到佛教觉悟的七种次第或组成部分。具体为念觉支（忆念佛法不忘）、择法觉支（分辨是非真伪善恶）、精进觉支（努力修行坚持不懈）、喜觉支（悟善法心生喜悦）、猗觉支（亦称轻安觉支，因断除烦恼身心安适愉快）、定觉支（心注一境思悟佛法）、舍觉支（舍弃分别心无偏颇平等待物）。七是八正道，指正见、正思维、正语、正业、正命、正精进、正念、正定。后来大乘佛教认为修行的内容应是六波罗蜜多，即六度。

③ 知如幻：谓能照之智知晓无明如虚幻。

④ 还修于幻：谓为什么要依圆照清净觉相起幻智，还修治如幻之无明而求成佛道呢？

⑤ 幻化：虚幻的变化。

⑥ 妄想心：由虚妄无明引起的心境。

⑦ 解脱：指摆脱烦恼业障的系缚而得自由自在。《成唯识论述记》卷一说："纵任无碍，尘累不能拘，解脱也。"在广泛意义上，摆脱世俗任何束缚，在宗教精神上感到自由，均可称为解脱。《显扬圣教论》卷十三指出："能脱种种贪等系缚，故名解脱。"从欲界、

色界、无色界三界束缚中所得解脱，分别名为欲尘解脱、色尘解脱、无色尘解脱；由修习所断烦恼不同，又可分为见所断烦恼解脱、修所断烦恼解脱等。在狭义上，解脱指断绝生死原因，不再拘于业报轮回，与涅槃、圆寂的含义相通。《成唯识论述记》卷一说："言解脱者，体即圆寂。由烦恼障缚诸有情，恒处生死，证圆寂已，能离彼缚，立解脱名。"另据《俱舍论》等，把以涅槃为体的解脱，称为无为解脱；把以胜解为体的解脱，叫做有为解脱。胜解指对佛教义理的殊胜理解，由此而能从智慧障碍中解脱出来，所以这种解脱又称为慧解脱。就其能从世俗绳索中摆脱出来，或能趋向涅槃而言，某些禅定也被称为解脱。

⑧方便：梵文意译，或译善权、变谋等，音译为"沤和"。全称方便善巧或方便胜智，为梵语沤和俱舍罗的意译。方便的含义有三：一是大乘菩萨不能像小乘那样，一心只为个人证入的自利，还必须用各种方便手段，来利益他人。二是指大乘佛教度脱众生所采取的各种灵活方法，大乘佛教提倡慈悲喜舍，不舍一切众生，故为度脱众生，允许使用一切方便手法。三是指宣传佛教信仰把握真如佛性的法门，《法华文句》卷三说："又方便者门也，门名能通，通于所通，方便权略，皆是导引，为真实作门，真实得显，功由方便。"

【白话】

世尊说完偈后，普贤菩萨在大众中离座而起，走到世尊面前。他先用头顶礼触佛的脚面，再起立右转，围着佛绕了三圈，最后长跪双手合掌，对佛乞请说道："大慈大悲的世尊，我祈愿参加此次法会的诸位菩萨和大众，以及在末世修习大乘的一切众生，都能达到这个圆满觉悟的清净境界。请问，什么叫做修行？大慈大悲的世尊，如果众生既然知道一切如幻，身心也都是幻觉，那么为什么还要以幻来修于幻呢？如果各种幻性，使一切尽灭，则心也是幻，那就没有心之一说，是谁又来修行呢？为什么又说修行也是幻呢？如果众生本来就不修行，在生死二道中，常常住于幻化的状态，更不知晓无明如幻的境界，从而生起虚妄的心境，怎样才能获得解脱呢？惟愿大慈大悲的世尊能为末世的一切众生，解说做哪些方便法门，才能逐步深入修习，使他们永远远离各种幻境。"普贤菩萨说完后，再次五体投地，来回反复三次，以表示他的虔诚之情。

【解说】

普贤因听佛祖释迦牟尼回答文殊：知是空花，即无轮转，亦无身心受彼生死。但佛祖释迦牟尼又强调：不通过修行亦无方便。这套说教只有那些有上上根器的人才能领受，而现在和未来世中，众生根器不会都很敏利，因此，若不修行，必难悟入圆觉。所以普贤才发问，目的是使法会上的菩萨众生和末世一切修大乘行的众生，都能闻此因地法行，知道如何依法修行。关于悟得圆觉清净觉相，佛祖释迦牟尼在上节经文回答文殊菩萨所问时，已指出了一种根本方法，即顿悟、顿了。佛祖指出，众生皆有真如，真如发动，显圆照清净觉相，永断无明，即成佛道。这是顿悟顿了的境界，此中纤尘不立，无须再作修证。但是，多数人根器不敏，必须悟修，即将顿悟与渐修有机地结合起来，不要把二者截然对立，使其相依相辅。这样，就可分别形成三种方式，一是先悟而后修，先悟则豁然贯通，顿了一切，后修则不著不证，任运合道，这称为解悟。二是先修而后悟，先修如人服药，后悟如药力渐至，一朝病除，这称为证悟。三是悟修同时，随修随悟，随悟随修。这便是佛祖释迦牟尼下文将说如何修行的缘据。

普贤菩萨所问，概括起来，有五个方面内容：一是"云何修行"，二是云何以幻修幻，三是云何复说"修行如幻"，四是若不修行"云何解脱"，五是作何方便永离诸幻。

我们且看下文佛祖释迦牟尼是怎样回答这些问题的。

【原文】

尔时,世尊告普贤菩萨言:善哉!善哉!善男子!汝等乃能为诸菩萨,及末世众生,修习菩萨如幻三昧①方便,渐次②令诸众生得离诸幻,汝当谛听,当为汝说。

时普贤菩萨奉教欢喜,及诸大众,默然而听:

善男子!一切众生种种幻化,皆生如来圆觉妙心③,犹如空华从空而有,幻华虽灭,空性不坏④。众生幻心,还依幻灭;诸幻灭尽,觉心不动⑤;依幻说觉,亦名为幻⑥;若说有觉,犹未离幻,说无觉者,亦复如是。是故幻灭,名为不动⑦。

【注释】

① 如幻三昧:谓诸法如幻,本无自体,身心世界,皆无明幻力所现;无明为幻师,自身也是幻;若当初一念不动,无明不起,智与理冥合,则为入三昧(正定)而得正受,此时身心完全寂灭。因此,便有"如幻三昧"的说教。

② 渐次:有地次地逐渐地修习。意同佛教渐悟、渐了,与顿悟相对,指须经长期修习才能达到佛教的觉悟。

③ 皆生如来圆妙心:"皆生"谓无一法不生其中;"如来"在这里不指位世诸佛,如者不变、湛然长存,来者随缘之用;"圆觉妙心"之"妙"为不可思议,谓此心不变但随缘万化,万化而不变体性,难思难解,故称"圆觉妙心"。

④ 空性不坏:谓种种幻化,都同空花一样,空中本无花,全因病目才妄见有花,花从空有,不是实有;若病目灭则花亦灭,空性自存,惟有幻生幻灭,故称"空性不坏"。

⑤ 觉心不动:谓圆觉妙心常住不动。

⑥ 依幻说觉,亦名为幻:此句中"觉"即能够觉幻的智慧。全

句谓依据如幻的无明身心来说,能够觉幻的智慧可称为觉,但针对幻而言,其实觉也是幻。

⑦是故幻灭,名为不动:谓幻灭应是真正的有无俱遣,全都加以否定,既不是有觉灭幻,也不是无觉灭幻,真正的幻灭,便是湛然不动。

【白话】

普贤说完后,世尊便开口对他说:善哉!善哉!善男子!你们能为诸位菩萨和末世的一切众生,修习菩萨如幻的三昧正定方便法门,渐次使无数众生能够得以脱离各种幻境。现在,请你们仔细听着,我将为你们解说。

普贤菩萨听世尊这样说完后,为能亲自聆听佛祖释迦牟尼的教诲,内心充满了喜悦之情。其他菩萨以及大众,也都顿时鸦雀无声,默默开始听佛祖说法。

善男子!一切众生,种种幻化,都是依圆满觉悟妙用之心而生出。就像空花,应该是先从空里生出,然后才有了花的幻象。又如幻花境界虽然已经消失,但是它的空性并未改变。所以,众生所生的种种幻心,最终要依靠能够体察幻化的智觉来消灭。诸种幻虽然能够悉数消失,但原本就存在的觉悟心识会依然存在不动。靠幻来反衬智觉,仍然是一种幻觉。如果有人说自己的智觉认识了幻,已获得了觉悟,其实还是没有离开幻觉;有人说自己本来就没有觉悟,这也是幻觉的一种表现形式。因此,所谓幻的消灭或幻灭真正的名称是不动。

【解说】

在本节经文中,佛祖释迦牟尼首先热情赞扬了普贤菩萨有疑问便提出,以权现的方式饶益诸菩萨及众生。

佛祖在答复普贤菩萨所问修幻之法前,先宣说了幻的产生。

即皆生如来圆觉妙心，无一法不生自此中。诸幻生于圆觉妙心中，不是该心中实生了诸幻，如空花在虚空中出现，而不是虚空中实生出空花来，本来就没有实际的生起，乃病目妄见，故称为幻。圆觉妙心不变不动湛然常存，但又随缘之用，此心不变却随缘万化。如来藏心为因，无明风动为缘，就会由真起妄。既由真起妄了，就会有种种幻化。同时，若以如来藏心为因，如来教法外熏为缘，发现信解修证，就会返妄归真。由真起妄有种种幻化，有六凡生死轮转；返妄归真有幻消幻灭，有声闻、缘觉、菩萨和佛四圣因果。

  本节经文中，佛祖释迦牟尼回答了普贤菩萨所问五个问题中的第一、第二个问题。答普贤菩萨所问的云何修行和云何以幻修幻，佛祖释迦牟尼提出了幻尽和觉满的说教。所谓幻尽即是使幻灭尽，修行的目的也就是要使诸幻灭尽。灭尽诸幻的程序是以幻心离幻境，再以幻智离幻心，最后的幻空离幻智。由于身心无明，起种种幻化，灭此幻化须借本来自身中有的光明如来藏心，此心一旦随染缘所起，亦为幻心，此幻心可灭种种幻化；在此基础上，还须依随净缘所起的幻智来灭此幻心；但幻智亦幻，须用空来灭此幻智。这也同时回答了普贤菩萨提出的云何以幻灭幻的问题。所谓觉满是指诸幻灭尽，圆觉妙心湛然不动，不会断灭。普贤菩萨在上文曾问：如果诸幻一切灭尽，则无有心，谁为修行？即身心智俱灭，修行的主体又是哪一个呢？为怕学法人不解而堕入断灭空，把佛教的本体也抛弃了，佛祖指出：如幻之身心无明虽然灭了，但还有幻智没有落入空处，不过对幻智也不能执死，幻智也是幻，只有圆觉妙心显示的空性是常住不变的。在这里，圆觉妙心是体，空是体性，从性说体，即为觉满。所以说幻灭应是真正的有无俱遣，全都应该加以否定，不可说是有觉灭幻，也不可说是无觉而灭幻，真正的幻灭，便是圆觉妙心湛然不动，永远不会断灭。

【原文】

善男子！一切菩萨及末世众生，应当远离一切幻化虚妄境界①，由坚执持远离心故②，心如幻者，亦复远离③；远离为幻，亦复远离④；离远离幻，亦复远离⑤；得无所离，即除诸幻⑥。譬如钻火，两木相因⑦，火出木尽，灰飞烟灭。以幻修幻，亦复如是。诸幻虽尽，不入断灭。

善男子！知幻即离，不作方便；离幻即觉，亦无渐次。一切菩萨及末世众生，依此修行，如是乃能永离诸幻。

尔时世尊，欲重宣此义，而说偈言：

普贤汝当知，一切诸众生，无始幻无明。皆从诸如来，圆觉心建立。犹如虚空华，依空而有相；空华若复灭，虚空本不动；幻从诸觉生，幻灭觉圆满，觉心不动故。若彼诸菩萨，及末世众生，常应远离幻，诸幻悉皆离。如木中生火，木尽火还灭；觉则无渐次，方便亦如是。

【注释】

① 远离一切幻化虚妄境界：句中"远离"谓修习方法，也就是佛教所偈止观的功夫，止息攀缘，忘情息念，观察诸法虚幻不实，以此止观功夫，即可"远离一切幻化虚妄境界"。"远离"作为修习方法，这里只是第一重远离。

② 由坚执持远离心故：这是第二重远离，以止观功夫，心离幻境，然后再坚执远离，进而可以离幻心。

③ 心如幻者，亦复远离：此句仍然解说第二重远离。主旨是远离幻心。

④ 远离为幻，亦复远离：这是第三重远离，不仅要离幻境（第

一重远离），更要离幻心（第二重远离），再进一步，应以远离自身为幻，也要远离，此即为第三重远离。

⑤ 离远离幻，亦复远离：这是第四重远离，上一句说要以远离本身为幻，要远离它，这里连扬弃远离本身也要再行超越，再加以扬弃。

⑥ 得无所离，即除诸幻：谓一层层地远离，一再扬弃，一再超越，远离到无可远离的程度，但是灭除诸幻、与真觉相契如一的境界了。

⑦ 因：二者相互依靠、凭借。

【白话】

善男子！一切菩萨和末世众生，你们应当远离因一切幻化而出现的虚妄境界。由于坚持执着了远离心的念想，而远离心就是幻。要是继续坚持远离，远离也是幻，直到远离心变成了无所离的境界时，也就是最后消除了诸种幻象。如用两块木头互相贴近钻孔摩擦生火，当火生起燃烧木头时，火使木头也变成了灰烬，灰烬随着烟灰而到处飞散。以幻修幻就是这种情形，诸种幻虽然消失灭尽了，但还未能进入彻底断灭。

善男子！只要智觉知道了虚幻，马上远离，就不需要任何权宜方便之法；只要彻底远离了诸幻，就获得了觉悟，没有什么前后阶次可言。所以，一切菩萨和末世众生，只要以这种方式修行，就能永离诸幻。

世尊说完后，为了强调他的说法，于是又用偈语总结道：

普贤汝当知，一切诸众生，无始幻无明。皆从诸如来，圆觉心建立。犹如虚空花，依空而有相；空花若复灭，虚空本不动；幻从诸觉生，幻灭觉圆满，觉心不动故。若彼诸菩萨，及末世众生，常应远离幻，诸幻悉皆离。如木中生火，木尽火还灭，觉则无渐次，方便亦如是。

【解说】

　　佛祖释迦牟尼在此节经文中，概括地回答了普贤在上文提出的第三至第五个问题。他通过提出"远离"这一止观修法，从第一重远离到第四重远离，"复说了修行如幻"的过程；并通过一重一重的远离，一层一层的扬弃，一次一次的超越，使远离达到了无可远离的境界。这个境界，便是诸幻除灭的境界，得到了真觉本心，已不能再离了。一旦远离了远离幻，既灭空，诸幻哪有不尽之理。经文中举钻木取火例进一步说明。两木相因钻而起火，火出而烧木，用火来喻指离心境之幻智，用木来喻指发智的心境；双木相因钻而起火说明由于智发而心境之幻已离；继而灰飞烟灭，说明智亦离散，空已除却，智发而心境皆没，火发而两木皆尽，诸幻灭尽而显觉悟，不入断灭之中。佛祖释迦牟尼继而指出，既然知道是幻，便已经远离了幻。如梦中生病，梦中求药，梦醒之后，就无需再求梦药了。一旦知道是幻，病根便除了，也就没有一步一步地用药来逐步除病的事了，所以，方便法门和逐步渐次修行都无从说起，也不需要了。这也正是大乘佛教顿悟的义旨，能豁然贯通，便是最为简便的方便法门。

普眼菩萨章

【原文】

于是，普眼菩萨在大众中，即从座起，顶礼佛足，右绕三匝，长跪叉手而白佛言：大悲世尊！愿为此会诸菩萨众，及为末世一切众生，演说菩萨修行渐次，云何思惟①？云何住持②？众生未悟③，作何方便，普令开悟？世尊，若彼众生，无正方便④及正思维⑤，闻佛如来说此三昧，心生迷闷⑥，即于圆觉不能悟入，愿佛慈悲，为我等辈及末世众生，假说⑦方便。作是语已，五体投地，如是三请，终而复始。

尔时世尊，告普眼菩萨：善哉！善哉！善男子！汝等乃能为诸菩萨及末世众生，问于如来修行渐次思维住持，乃至假说种种方便，汝今谛听，当为汝说。

【注释】

①云何思惟：意谓什么叫做思维。此思维不是常说的心识分别的思维，即思考问题的思维，而是指佛教八正道中的正思惟。八正道为佛教常见用语，为梵语的意译，亦称八圣道、八支正道、八圣道分等，指八种通向涅槃解脱的正确方法或途径。据《中阿含经》、《俱舍论》、《大乘义章》等记载，八正道乃佛祖释迦牟尼在世时初转法轮向五弟子所说。八正道的具体内容是：正见，指对佛教真理四谛（苦、集、灭、道）等的正确见解；正思惟，亦作正思、正志，指对四谛等佛教教义的正确思维；正语，指修口业，不作一切非佛

理之语；正业，指住于清净之身业；正命，指符合佛教戒律规定的正当合法的生活；正精进，亦称正方便，指勤修涅槃之道法；正念，指明记四谛等佛教真理；正定，指修习佛教禅定，心专注于一境，观察四谛之理。佛教认为，按此修行可由凡入圣，从迷界此岸达到悟界彼岸，故也比喻称八正道为八船、八筏。此处讲"云何思惟"，意味着若不调动智慧进行观察和思维，如何知道身心是幻呢？

②云何住持：意谓如何才能远离诸幻，如何才能使得觉心不动而安住住持。

③众生未悟："悟"，即觉悟，一般指对佛教真理的觉悟，此处特指对菩萨修行渐次的觉悟。"众生未悟"指众生对此还没有得到觉悟。

④无正方便：谓没有正当的方法、门径和对机便宜之法。

⑤正思维：即佛教八正道之一正思维。

⑥迷闷：迷惑于某事某理而不能通达。

⑦假说："假"，意为凭借、借助。"假说"谓借助事理来说明、阐明。

【白话】

佛祖释迦牟尼宣说完偈语后，普眼菩萨在大众中离座而起。他走到佛世尊的面前，用头顶触摩佛的脚面，再起立右转，围着佛世尊转了三圈，长跪双手合掌对佛说：大慈大悲的世尊，祈愿请您为参加这次法会的诸位菩萨和大众，以及末世一切众生，演说菩萨修行的次序。什么叫做思维？怎样才能真正做到住持？众生未能获得开悟，应该用什么方法使他们普遍开悟？世尊！如果众生没有正确的方法和正当的思维，即使听了您宣说的这些三昧正定，他们心中仍然会迷惑不清和摸不着头绪，其结果将会对圆满觉悟的境界不能够悟得。祈愿您能大发慈悲心肠，为我们和末世众生指明一条方便的道路。普眼菩萨说完后，再次对佛五体投地礼拜，来回往复了三次，以表达自己的虔诚之请。

普眼菩萨说完后，佛世尊便开口对他说：善男子！您能为诸位菩萨大众和末世众生，咨询关于如来修行渐思维住持法，并要求以假借譬喻来说明种种方便法门，那么，你就仔细听着，我现在就为你们宣说。

【解说】

前面佛祖释迦牟尼说的是顿悟、顿证的法门，对于上上利根的菩萨，可以了解"知是空华，即无轮转，知幻即离，离幻即觉"这一过程是不分阶段、不分梯次的，即所谓一起直入如来地；这对钝根之人是很难做到的，对于他们仍应该有方便渐次的法门以便修习。所以，普眼菩萨便代表会众向佛祖释迦牟尼发问，乞请为大家广开方便法门。佛世尊于此先称赞了普眼菩萨为现世菩萨、末世众生利益而咨问的利他心，准备权巧施设，于无方便中假说方便，于无渐次中显示渐次进修之法。

【原文】

时普眼菩萨奉教欢喜，及诸大众，默然而听：

善男子！彼新学菩萨[1]及末世众生，欲求如来净圆觉心，应当正念[2]远离诸幻。先依如来奢摩他[3]行，坚持禁戒[4]，安处徒众，宴坐静室[5]。恒作是念：我今此身，四大和合[6]，所谓发毛、爪齿、皮肉、筋骨、髓脑、垢色[7]皆归于地；唾涕、脓血、津液、涎沫、痰泪、精气、大小便利[8]皆归于水；暖气归火，动转归风。四大各离，今者妄身当在何处？即知此身，毕竟无体，和合为相，实同幻化。四缘[9]假合，妄有六根[10]，六根四大，中外[11]合成，妄有缘气，于中积聚，似有缘相，假名为心。

善男子！此虚妄心若无六尘⑫，则不能有，四大分解，无尘可得，于中缘尘⑬，各归散灭，毕竟无有缘心可见。

善男子！彼之众生幻身灭故，幻心亦灭；幻心灭故，幻尘亦灭；幻尘灭故，幻灭亦灭；幻灭灭故，非幻不灭。譬如磨镜，垢尽明现。

善男子！当知身心，皆为幻垢，垢相永灭⑭，十方⑮清净。

善男子！譬如清净摩尼宝珠⑯，映于五色⑰，随方各现。诸愚痴者，见诸摩尼，实有五色。

善男子！圆觉净性，现于身心，随类各应，彼愚痴者，说净圆觉，实有如是，身心自相⑱，亦复如是，由此不能远于幻化。是故我说，身心幻垢，对离幻垢，说名菩萨。垢尽对除，即无对垢，及说名者⑲。

【注释】

① 新学菩萨：谓初发心的菩萨。

② 正念：八正道中之正念，即明记佛教四谛等真理。本节经文中，正念也就是不起诸念，也就是无念，《大智度论》说："有念是魔业，无念是法印，无念即离念，即远离幻念。"《大乘起信论》说："离念相者，等虚空界。离念便是圆净觉心之相"。

③ 奢摩他：梵语音译，意译为"止"或"止寂"，禅定的另一称谓。在宗教修习上，往往与"观"（毗婆舍那）相应而言，为有观之定。在佛教典籍中，一般是"止观"合称，也就是"禅定"和"智慧"并称。《维摩诘经》卷五注说："系心于缘谓之止，分别深达谓之观。""止"是使所观察对象"住心于内"，不分散注意力；"观"是在"止"的基础上，集中观察和思维预定的对象，得出智慧或功德。

佛教天台宗提倡"止观双修",要求不限于传统的静坐默想,而是要历缘、对境,在日常生活的一切方面,都要有止有观,使思想认识契合教理教义的要求。佛教禅宗以为"定是慧之体,慧是定之用",把止观二者的关系看成是体用关系,要求定慧等学。

④禁戒:禁是禁止,为止持;戒是戒法,为戒持。戒法乃佛教三学(戒、定、慧)之一。在佛教教义中,戒法分为止持戒和做持戒两种。止持戒即止非防恶诸戒,教人诸恶莫作,如五戒、八戒、十戒、具足戒等。五戒指在家男女信徒终身应遵守的五条戒律,即不杀生、不偷盗、不邪淫、不妄语、不饮酒。此五戒中前三戒防身,第四戒防口,第五戒身口通防。五戒乃佛教根本大戒。八戒全称八关斋戒,也是在家男女教徒的戒条,据《中阿含经》、《俱舍论》等,八戒是在五戒基础上再加三戒,一是不睡不坐高广华丽的大床;二是不装饰打扮、不观听歌舞;三是不食非时食,即一日中过了中午之后再不吃饭。十戒指七岁以上二十岁以下的出家男子(称为沙弥)和出家女子(称为沙弥尼)奉行的十条戒规,十戒中的前五戒与五戒基本相同,只是第三戒不邪淫改为不淫,意即禁绝男女之事乃至嫁娶婚配。后五戒与八戒多有重复,具体为:一不涂香鬘,二不听视歌舞,三不坐高广大床,四不非时食,五不蓄金银财宝。具足戒称为大戒,是比丘(和尚)比丘尼(尼姑)奉行的戒条,该戒对出家僧尼的宗教活动和日常生活的各种细节都做了详细而严格的规定;因该戒与沙弥、沙弥尼的十戒相比,戒品具足,故称具足戒;此戒条数说法不一,通常采用的说法是比丘戒二百五十条,比丘尼戒三百四十八条。另外,大乘佛教还提出"十重戒"和"四十八轻戒"。十重戒亦称"十重禁戒"、"十无尽戒"、"十不可悔戒"。这十重戒是:一、杀戒;二、盗戒;三、淫戒;四、妄语戒;五、酤酒戒;六、说四众(比丘、比丘尼和男女居士)过戒;七、自赞毁他戒;八、悭惜加毁戒,即吝啬施财施法并加以诽谤诋毁的戒;九、嗔心不受悔戒,即对于仇恨和损害他人以及不受对方忏悔的戒;十、

谤三宝（佛、法、僧）戒。违反这十条戒的构成"破门罪"，将要被驱逐出僧团，所以是重戒。与此相对的是四十八轻戒，其内容包括不敬师友戒、不拘礼仪戒、饮酒戒、食肉戒、与异性对坐戒等，犯此种戒需按戒律规定进行忏悔。作持戒即教人众善奉行的戒，包括受戒、说戒、安居、自恣及僧团生活的其他方面内容。大乘佛教还提出"三聚净戒"，分别为：一、摄律仪戒（止持戒）；二、摄善法戒（作持戒，即修行善法积累福德）；三、摄众生戒（作持戒，即教化济度众生）。

⑤宴坐静室："宴"，安逸、安闲。"静室"，梵语音译为"阿兰若"、"兰若"、"阿练若"、"阿兰诸迦"，原意为树林，意译亦称"寂静处"、"远离处"、"无净处"、"空闲处"、"空家"等，指出家人习静修行处所，后一般指佛寺。宴坐静室谓宴然安坐，以摄其身，《大乘起信论》说：若修止者，位于静室，端坐正意，不依气息，不依形色，不依于空，不依于地水火风，不依见闻觉知。此即宴坐静室的具体内容。

⑥四大和合：谓地、水、风、火四大聚合。

⑦垢色：污垢物。

⑧大小便利：即大小便。

⑨四缘：地、水、火、风四大为因缘。

⑩六根：梵语意译，因佛教视其为心所依者，是有情本，故亦名六情，佛教十二处之内六处（十二处外六处为色、声、香、味、触、法六尘），十八界之六根界（十八界为六根、六尘和眼识、耳识、鼻识、舌识、身识、意识等六识）。指眼、耳、鼻、舌、身、意具有能取相应之六境，生长相应之六识的六种功能。《俱舍论》卷三认为，前五根"于能了别个别境识有增上用，第六意根于能了别一切境识有增上用。"

⑪中外：中指内六根，外指外六尘，中外合为十二处。

⑫六尘：即色、声、香、味、触、法，亦称六境。

⑬ 于中缘尘：意谓于其中发明六尘的缘由。

⑭ 垢相：指一切幻垢之相，如幻身、幻心、幻尘、幻灭等，都是圆觉妙心的幻垢之相状。

⑮ 十方：佛教地域方位概念，包括东、南、西、北四方，东南、西南、西北、东北四隅和上下，合称十方。

⑯ 摩尼宝珠："摩尼"为梵语音译，意译为"如意"。传为龙王发髻中之珠，龙王得此宝珠，能随心所欲得一切宝。佛经中载此珠具备体、相、用三大特征，即其体清净宝贵，其相内外明彻，其用随方现色。

⑰ 五色：此处五色喻指五蕴（色、受、想、行、识）。

⑱ 身心自相：谓执幻身、幻心自有相状。

⑲ 及说名者：指上句"说名菩萨"中的菩萨。

【白话】

普眼菩萨听到佛世尊将要宣示佛法，感到能亲自得到佛的教诲，内心充满了欢喜之情，诸菩萨和大众也都鸦雀无声，默默地听佛说法：

善男子，你们新学的菩萨和末世众生，想要求得如来清净圆满菩提心的话，就应当坚持正确的念想，远离各种各样的幻象。首先，要依靠如来奢摩他修行，即把高层次的心的活动，集中在某处变成为一种静心静虑的念想行为，然后坚持遵循佛教教义规定的禁条和各项戒律，和修行高深志同道合的人友好交往，默默地呆在安静之处，开始在心里做这样的观想：我现在的身体是由地、水、火、风四大，即四种自然元素缘合而成。在身体中，我的所谓头发、毛、爪、齿、皮、肉、筋、骨、髓、脑等，以及身体上的污垢，都属于地元素；我的唾液、鼻涕、脓、血、津液、涎末、痰、泪、精气、大小便等，都属于水元素；我的生命中含有的燥热之气，属于火元素；我的生命之所以能够延续是因为有呼吸的作用，它属于风元素。所以，地、水、火、风四种元素彼此之间是各自分离的，我们妄自称为"身"的这个东西，究竟应该归到四大元素中的哪一种呢？现在，我们终于知道了这个"身"毕竟是没有实体的，它只是地、水、火、风四大元素互相缘和而合成的相状，所以，"身"实际也是一种幻化之相。地、水、火、风四大元素互相缘和而合成的假名为"身"的东西，又有了眼、耳、鼻、舌、身、意六根，即六种人体器官和由此产生的精神现象。眼、耳、鼻、舌、身、意六根和地、水、火、风四大元素，一个为内，一个为外，内外合成，组成了假名为"身"的这个东西。在这个东西中有一种气，当它似和缘虑之相缘合时，于是就会出现了假名为"心"的这个东西。因此，这个"心"也是虚妄不实的。

善男子！这个虚妄的心，如果没有色、声、香、味、触、法六种尘埃的外境作缘，则不可能存在。因为地、水、火、风四大元素由缘和而生起"身"，所以把四大元素一一分解，就不能称为"身"了，也就是没有上面的六种尘埃的外境可言了。那么，虚妄的心当然也不能与它们作缘，不复再存，因此最终是不会有"缘心"可以被见到。

善男子，由于你们众生的幻身灭掉了，所以幻心也就灭掉了；幻心一旦灭掉了，幻尘也就灭掉了；因为幻尘灭掉了，所以幻灭也会灭掉；幻灭被灭掉，那些真实的不是幻的"非幻"，即空的自性却是不灭常存的。这好比用布磨镜，将镜子上的污垢全部磨去后，就会重新再现镜子的光泽，恢复它的本来面目。

善男子，你们应当知道身、心全都是幻垢，只有把这些幻垢偏见永远消灭了，才能重现十方清净。

善男子，这譬如清净摩尼宝珠，它本来的质地是晶莹无瑕，但它能映照五种颜色，随处显现。可是，有愚痴的人只见到了摩尼宝珠所映的五种颜色，而不能见其本来无色的本性。

善男子，圆满觉悟清净本性显现于身心，会随处相应。但愚痴的人说，清净圆满觉悟，是真实不虚而存在的，身心自身的相状也是真实不虚的。正是因为有了这种认识，才使他不能远离幻化。因此，我必须指出，身与心都是幻垢，能有对治而远离这些幻垢，才称得上是菩萨之名。幻垢殆尽，悉数除去，即使没有对治的幻垢，也能谈得上为菩萨。

【解说】

为了圆满回答普眼菩萨关于如来修行渐思维住持法，也就是十方如来如何本起清净圆觉因地心，佛世尊要求这些初发心的菩萨和末世众生，先以定戒为前提，然后用戒定所生之慧作观，观身无我。

戒、定、慧三学乃佛教的基本内容。三学缺一不可，其关系是戒能资定，由定生慧。所以，佛世尊首先要求直心正念真如，正念也就是不起诸念，也就是正思维，思者用心观察，惟者惟此一心，按奢摩他行，使观察对象住于心内，不分散注意力，进行集中观察。为了使这个过程或修行不至落空，须要戒持来资。由戒资定的同时，还要安处徒众，宴坐静室，既要处理好徒众间的人际关系，也要找一个安静的修炼处。这样就会在良好的心境和环境中，修奢摩他行，使一念不生，众戒具足，以定助戒，以戒促定。在戒定所生之慧的基础上，就可以对自身进行观察分析了。观察和分析的最终结论，就是了解此身乃地水火风四大所成，假名为我，实无我可得。

佛世尊是这样进行具体分析的：身为六根总相，六根为身之别相；四大实指相待于六根，即眼耳鼻舌身意的六尘，也就是色声香味触法；六根六尘都是四大所成的。就一身来说，内为六根，外为六尘；内外相合，则有六识。根为识之依托，尘为识所取所缘，识为能缘。说到底，并没有心的实体，所以说"假名为心"。为什么称心为假名呢？因为心无自体，仗境而生；境本来空无，因心而妄执有境。所谓心，无非是六识，而六识仅仅是假借似有之根和似所缘之尘而来的。眼耳鼻舌身五识各各缘取所针对的外境，如眼取色，耳取声之类，各根取各境，使妄执有境。第六意识能力最强，可以通缘六境，一切假名假有均可成为意识的认识对象，所以众生往往易于妄执第六意识为自心相。破此自心相，先破六根，再破六尘，内外均破，六识就会无存，意识自会除灭。因为六根、六尘均为四大，六识资此所起，为本末关系，本不存则末无根，谈何意识。

那么，观身无身，观心无心，到底有什么东西存在呢？能凭借定学或戒之定的功夫生出的智慧，观自身不可得；又观外境，发现实无自体，也不可得，外身和内心的一切均是幻化，这叫做知幻身灭，知幻心亦灭；身心既灭，便没有了能对之六根，便没有了所对的六尘，这又叫做幻尘亦灭，幻尘灭了，六识也该灭了，由此产生了一大飞跃，即否定了能观之智，所观察的一切不实不有，能观察的智慧也就消亡了，此即幻灭亦灭。到此，我法两空，只有非幻不灭，即本来作为实在本体的圆觉性不灭。需要进一步明确的是：虽然说要灭尽诸幻，但其实是要离幻，并不存在实在的灭幻，而只需要不生的离幻。此即禅家所谓但有所作便是迷惑便是执着。只要知道是幻，便是离幻，离幻便是真觉；如同灯入暗室，黑暗自消，并非真用什么去驱逐了黑暗；又好像是铜镜上的锈垢作为幻，磨去垢自然会明净显现，无须在离幻之后再寻圆觉。由于众生业感不尽，所以断言圆觉净性实有身心自相，所以便不能远离于幻化，以诸幻相为实。但是，身心是圆觉净心的所现幻垢，只是凡夫妄惑，执为自己罢了。因为凡夫未离幻垢，若能离幻垢，身心如幻就会自不待说。当然，本来就无所谓离不离幻垢，只要了达了原本不生的空理，便称得上是垢尽。

【原文】

善男子！此菩萨及末世众生，证得①诸幻，灭影像故，尔时便得，无方清净，无边虚空，觉所显发②。觉圆明故，显心清净；心清净故，见尘清净；见清净故，眼根清净；根清净故，眼识清净；识清净故，闻尘清净；闻清净故，耳根清净；根清净故，耳识清净；识清净故，觉尘清净。如是乃至鼻舌身意，亦复如是。

善男子！根清净故，色尘清净；色清净故，声尘清净；香味触法，亦复如是。

善男子！六尘清净故，地大清净；地清净故，水大清净；火大风大，亦复如是。

善男子！四大清净故，十二处③、十八界④、二十五有⑤清净；彼清净故，十力⑥、四无所畏⑦、四无碍智⑧、佛十八不共法⑨、三十七助道品⑩，清净如是，乃至八万四千陀罗尼门⑪，一切清净。

善男子！一切实相⑫，性清净故，一身清净；一身清净故，多身清净；多身清净故，如是乃至十方众生圆觉清净。

善男子！一世界⑬清净故，多世界清净；多世界清净故，如是乃至尽于虚空，圆裹三世，一切平等，清净不动。

【注释】

① 证得：亦称得，获得或成就佛教的某种思想、功德或事业。佛教称此证得犹如绳系于身，故又称此为"得绳"。大乘佛教认为证得是虚假非实的，认为有得则必失于菩提，而只有无所得，才无所不得。此处"证得"即此意。

② 觉所显发：谓觉性之所显发。

③ 十二处："处"指根与境为产生心和心所之处，又因根与境相涉而入，故名处。《俱舍论》卷一说："心、心所法生长门义是处义，

训释词者,谓能生长心、心所法,故名为处。"十二处指六根(眼、耳、鼻、舌、身、意)、六境(色、声、香、味、触、法)。

④十八界:以人的认识为中心,对世界一切现象所作的分类;或说一人一身即具有此十八界。其包括能够发生认识功能的六根(眼、耳、鼻、舌、身、意),作为认识对象的六境(色、声、香、味、触、法),以及由此生起的六识(眼识、耳识、鼻识、舌识、身识、意识)。《俱舍论》卷一:"法种族义是界义,……如是一身或一相续有十八类诸法种族,名十八界。……有说界声表种类义,谓十八种类自性各别不同,名十八界。"

⑤二十五有:佛教三界、九有、五趣、四禅天之四地、无色界之四处的合称。三界为佛教把世俗世界划分成的欲界、色界、无色界,此三界皆处在生死轮回的过程中,是有情众生存在的三种境界;欲界为具有食欲、淫欲的众生所居;色界位于欲界之上,为已离食、淫二欲的众生所居,其器(宫殿等)及有情仍为色所属界,即仍不离物质,色界中包括有四静虑处(四禅天)十七种天;无色界在色界之上,为无形色众生所居,包括有四处。九有,因三又名三有,也称为欲有、色有、无色有。三界又可分为九地,故称九有。五趣,亦称五道,佛教所说众生根据生前善恶行为有五种轮回转生的趋向,即地狱、饿鬼、畜生(也译"傍生")、人、天(指三界诸天)。《俱舍论》卷八指出:"于三界中说有五趣,即地狱等如自名说,谓前所说地狱、傍生、鬼及人、天,是名五趣;惟有欲界有四趣全,三界各有天趣一分。"四禅天之四地为:初禅天有离生喜乐地,二禅天有定生喜乐地,三禅天有离喜妙乐地,四禅天有舍念清净地。四禅天乃生前专修佛教四种禅定,生后可生于的色界四个境地。无色界之四处为:空边无处,识无边处,无所有处,非想非非想处。以上三界,九有、五趣、四禅天之四地、无色界之四处,合称二十五有。

⑥十力:谓佛具有的十种智力,即如来证一切法实相的智力,表现为十种力用,力意谓能摧破怨敌不可屈服。一是知觉处非处智

力，处意为道理，即知道事物理与非理的智力，知一切众生因缘果报，善因得善果为处，不善因得恶果为非处。二是知三世业报智力，知一切众生三世善、恶、不动、诸业及所受诸报。三是知诸禅解脱三昧智力，知诸禅定及解脱，三昧垢净，以及垢净可得果报。四是知众生上下根智力，知一切众生的信根、精进根、念根、定根和慧根有上、中、下三种差别，知众生能力和性质有优劣的差别。五是知种种解智力，知一切众生的种种知解的智力，知一切众生乐欲不同，能令舍不净而增净。六是知种种界智力，知一切众生素质和境界的智力。七是知一切至处道智力，知转生人、天和达到涅槃等因果的智力，知一切道至处相，知善道处人天，恶道处在地狱、饿鬼、畜生三途，无漏道处在涅槃。八是知天眼无碍智力，以天眼见知众生的生死及善恶业缘的智力，知过去本生、本事，虽百千世劫，皆能明了无碍。九是知宿命无漏智力，知众生宿命和无漏涅槃的智力，知众生死此生彼，善恶业缘、受报好丑，隔极远世劫亦不妨碍，十是知永断习气智力，知永断烦恼惑业不再流转生死的智力。另外，按佛教教义，菩萨也具有十力，分别是深心力、增上深心力、方便力、智力、愿力、行力、乘力、神变力、菩提力、转法轮力。

⑦四无所畏：亦称四无畏，指传教说法充满自信，无所畏惧，有佛四无所畏和菩萨四无所畏之分。佛四无所畏为：一正等觉无所畏，亦作诸法现等觉无畏、一切智无所畏，指对修证佛位的自信，成佛即具一切智。二漏永尽无畏，亦作一切漏尽智无畏、漏尽无所畏，指对已断绝一切烦恼的自信。三说障法无畏，亦称障法不虚决定授记无畏、说障道无所畏，指对已说明障碍修道的愚闇法的自信。四说出道无畏，亦称为证一切具足出道如性无畏、说尽苦道无所畏，指对已超离苦难而得到解脱的自信。菩萨四无畏为：一能持无所畏，对能诵记解说佛法的自信。二知根无所畏，对了解众生的根机深浅并应机说法的自信。三决疑无所畏，对解决众生疑难的自信。四答报无所畏，对圆满回答听者询问的自信。

⑧ 四无碍智：指佛具有的四种智慧，因佛能以智缘境应机，悉皆无有滞碍，故名。一法无碍知，一切诸法，若名若相，悉皆能说。二义无碍智，如知地是坚义，水是湿义，火是暖义，风是动义。三词无碍智，一是能随顺各方言词，智辩无碍，随类得解；二是能以一义演多词无尽，以少词显多义亦明。四乐说无碍智，随众生心之好乐而说法，乐闻大乘说大法，乐闻小乘说小法，随机受益，使皆得悟入。

⑨ 十八不共法：指惟佛独具，不与声闻缘觉二乘菩萨所共有的法德。具体为：一、身业无失，历劫勤修六度，福慧庄严，证五分身。二、口业无失，因修善语具无德，已成就八音四辩。三、意业无失，修甚深法，证究竟觉，一切无所执着。四、无异想心，于诸众生，平等普度，冤亲无间，思有咸资，心不怀想，不考虑谁能度谁不能度。五、无不定心，行住坐卧四威仪中无有不定时。六、无不知舍，于一切法，慧照觉知，当舍能舍，无不知而舍。七、欲无减，常乐积集，一切善法，具修众善，心无厌足。八、进无减，身心精进，无有疲倦，恒度众生，个修个息。九、念无减，常念众生，大悲不舍，恒思度脱，令入涅槃。十、慧无减，具一切智，力无所畏，随宜说法，慧辩无尽。十一、解脱无减，远离执着，一切无碍，有为无为，悉得解脱。十二、解脱知见无减，解脱能生知见，知见能保解脱，更互相资，一切无碍。十三、身业随智慧行，现种种身，随智应机，调伏摄受者，令得饶益。十四、口业随智慧行，以微妙音，随智而转，巧说诸法，令众悟入。十五、意业随智慧行，以清净意，微妙观察，对机施教，入众人生。十六、智慧知过去世无碍，慧照过去所有一切情无情法，遍知无碍。十七、智慧知现在世无碍，慧照现在所有一切情无情法，遍知无碍。十八、智慧知未来世无碍，慧照未来一切情无情法，遍知无碍。以上"三不失"、"三无"、"六不减"、"三行"、"三无碍"合称十八不共法，惟佛功德超越九界，总得此十八不共法。

⑩ 三十七助道品：即三十七道品，佛教修行的内容。"助"为资助，意为帮助使成就道，故称三十七助道品。

⑪ 八万四千陀罗尼门：烦恼尘劳无穷，计有八万四千，对此而立净法，亦有八万四千法门。陀罗尼为总持、总摄一切。八万四千陀罗尼门，谓根本清净圆觉总摄八万四千法门。

⑫ 实相：与真如、涅槃、性空、法性、无相、真性、实际、实性等佛教概念的含义雷同，《肇论》指出："本无、实相、法性、性空、缘会，一义耳。"佛教以世俗认识之一切现象均为假相，惟有摆脱世俗认识才能显示诸法常住不变之真实相状，故名实相。

⑬ 一世界：按佛教教义，以须弥山为中心，以铁围山为外廓，同一日月所照的四天下为一世界；一千个世界，为一小千世界；一千个小千世界，为一中千世界；一千个中千世界，为一大千世界。也就是说一千个世界为一小千世界，一百万个世界为一中千世界，十亿个世界为一大千世界。因大千世界中有小、中、大三种千世界，故佛教有称三千大千世界。本经下文所谓多世界即指此。佛教认为三千大千世界为一佛土，是佛祖释迦牟尼教化众生的世界，也称娑婆世界，意为堪忍世界，即此世界充满不堪忍受的苦难，众生罪孽深重，佛、菩萨为教化众生也忍受劳累，故而得名。佛教认为，宇宙是由无数个大千世界构成的无限空间，所以构成大千世界的中千世界、小千世界、世界也是无限的。每一个世界都是以具有多层的物质（轮层）的圆柱形的大地为基础，人们能看见的是这圆柱顶上的平面，其底则是无限的空界，是大地的所依止。这个世界的形成是由于众生共同造的业力的结果，即因众生的业增上力，使空界中十方风起，互相激荡，形成厚达一百六十万由旬（古印度计算距离的单位，以帝王一日行军路程为一由旬，相当于中国古代的三十里）坚密不动的气（称妙风轮），继而金色云遍布空界，倾盆大雨落在风轮上，结为深达八十万由旬的水轮，并在水层上结成了厚达三十二万由旬的金（称为金地轮，即硬石），在此硬石层上又有深

为八万由旬的软土，此即世界的地面，在这个世界的中心有一座大山名叫须弥山，其他大地、山河、星球等都围绕着它而排列。须弥山高八点四万由旬，由金、银、琉璃和玻璃等宝物构成；山上宫殿林立，树木茂盛，香气四溢；山顶上为帝释天（护法神），四周山腰为高四点二万由旬的四大天王（即东方持国、西方广目、南方增长、北方多闻天王），此处所居宫殿有七重宝城栏阇、七重罗网、七重行树、七重诸宝铃，是一派戒备森严又十分富丽喧闹和美妙的景象。四大天王的外围是七香海七金山（七轮围山），七重香海位于须弥山和七金山之间，总名为内海。第七金山外有铁围山所围绕的咸海，其中有四大部洲、八中洲和无数小洲。四大部洲即东方胜身洲、南方赡部洲、西方牛贺洲、北方俱卢洲。每一大洲中各有两中洲。共有八个中洲，其中又有无数小洲。咸海之外是由铁组成的铁围山，它四面相围，由此形成一个世界。每两个世界的中心须弥山之间距离为一百二十万由旬。每个世界上空都有一个太阳、一个月亮和众多的星球围绕着须弥山周围按自己的轨道不停地运动。太阳和月亮距海面为四万由旬，它们的轨道在咸海上。由于须弥山高达八万四千由旬，所以日月之光受遮而不能照射到对面，这样便有了昼夜之分，使东胜身洲与西牛贺洲、南赡部洲与北俱卢洲的晨昏昼夜正好相反，又因太阳南行时光射在咸海上，北行时射在大洲上，故而又有了寒热季节的不同。

【白话】

善男子！诸位菩萨和末世众生，修行证得各种幻境，消灭了各种因幻而出现的影像，即刻便能得到虚空清净。无边的虚空，只有因取得觉悟时才能被显现和发现，觉悟圆满明彻，也就显现了心的清净；由于心清净的缘故，也就可以见到了尘的清净；见到了尘的清净，眼根也就清净了；眼根清净了，眼识也就可以清净了；眼识清净了，就会使因根与识所缘的尘境也就清净了。

同样，知道了心清净，耳根也就清净了；耳根清净了，耳识也就清净了；耳识一旦清净了，与之相缘的尘境也就清净了。由此推之，鼻、舌、身、意几种根、识、尘境都是一样的，它们始终处于一种前后相递的清净关系。

善男子！由于根清净的缘故，色尘也就清净了；色尘清净了，声尘也就清净了。由此推之，香、味、触、法几种根、尘也就清净了。

善男子！色、声、香、味、触、法六尘清净了，于是地大也就清净了；地大清净了，水大也就清净了。由此推之，火大、风大也就清净了。

善男子！地、水、火、风四大清净了，于是十二处、十八界、二十五有也就清净了。由于它们都清净了，于是十力、四无所畏、四无碍智、佛十八不共法和三十七助道品也都清净了。由此推之，八万四千陀罗尼门一切都清净了。

善男子！一切真如实相，其本性是清净的，所以一身能够清净；一身清净了，于是多身就清净了；多身清净了，就可推至十方众生圆满觉悟清净。

善男子！一个小世界清净了，三千大千世界也就清净了；三千大千世界清净了，就可推至虚空圆满遍及，过去、未来、现在三世一切清净，永远空寂平等不动。

【解说】

在这节经文中，佛祖释迦牟尼宣说了大乘佛教的一个重要义理，即真空绝相观。

佛祖释迦牟尼指出，想求清净圆觉的菩萨和众生，若能修正念观行，便可以证得如幻三昧，这样就会使一切诸幻影像悉皆消灭，而不至于妄执随方所显的所谓实有，这就好像不执摩尼珠上的五色，除破了我法二执。至此，便会得到一种无方清净，即一种无边无际的、遍布一切的清净，也就是圆满的觉性或圆觉妙心。圆满的觉性或圆觉妙心本来就是清净的，以往因无明诸幻所障，便妄执幻妄为实有，不得周遍清净，一旦证得如幻三昧，幻尽觉显，不但空中所有身心世界不可得，即令无边的虚空，也为圆觉妙心所显发，亦不可得。只有圆觉真空，广大圆明，无有边际，圆照法界，寂然不动。

为了证得上述结论，佛祖释迦牟尼首先从使六根、六尘清净入手，继而推论出六识清净；地、水、火、风四大清净，然后又推论出二十五有清净，由于上述一切清净，佛住和菩萨住所有之十力、四无所畏、四无碍智、十八不共法等均得清净；继而是八万四千陀罗尼门，都得清净。不仅如此，一切实相，即无相的真空，也得以清净。然后，由自及他，由此及彼，指出，一身清净，多身清净，即以自身既得清净真空相，观一切众生莫不如此，乃至十方众生亦是如此。再从国土境界上看，一世界清净，三千大千世界也就清净了，所以说圆觉妙心遍一切处，横包三界，竖穷一切时，包容十方众生。所有这些，都起因于观行成功。

佛祖释迦牟尼宣说这一义理采取了由个别到一般、从具体到抽象、从局部到全部的推理方法，这在思维方法上有一定的可取之处，这一点应给予一定的评价。

【原文】

善男子！虚空①如是平等②不动，当知觉性③平等不动；四大不动，当知觉性平等不动；如是乃至八万四千陀罗尼门平等不动，当知觉性平等不动。

善男子！觉性遍满，清净不动，圆无际故，当知六根遍满法界④；根遍满故，当知六尘遍满法界；尘遍满故，当知四大遍满法界；如是乃至陀罗尼门遍满法界。

善男子！由彼妙觉性遍满故，根性尘性，无坏无杂；根尘无坏杂故，如是乃至陀罗尼门无坏无杂，如百千灯，光照一室，其光遍满，无坏无杂。

善男子！觉成就⑤故，当知菩萨不与法缚⑥，不求法脱⑦。不厌生死⑧，不爱涅槃⑨；不敬持戒⑩，不憎毁禁⑪；不重久习，不轻初学。何以故？一切觉故。譬如眼光，晓了前境，其光圆满，得无憎爱。何以故？光体无二，无憎爱故。

【注释】

① 虚空：谓圆觉妙心之空寂明净。

② 平等：梵语意译，亦称"等"。意为无差别或等同，指一切现象在共性或空性、心真如性等上没有差别，此即谓平等。《往生经》注指出："平等是诸法体相"。由此所达到的智慧，应无所分别，主观和客观也无区别，此即谓智平等。对于众生，也应等同视之，不应有高低、亲怨的区别，在值得怜悯和具有佛性上，平等无二，此即谓众生平等。《金刚经》说："是法平等，无有高下，故名无上正觉菩提：以无我、无众生、无寿者、无更求趣性，其性平等。"

③ 觉性：指圆觉妙性。

④ 法界：梵语意译，音译为"达摩驮多"。在佛教教义中，法界含义颇多，主要有以下三个方面的内容。一、十八界中的法界，特指意识所缘虑的对象，《俱舍论》卷一指出："受、想、行蕴、无表、无为总名法处，亦名法界。"这些不只是感官直接感觉的对象，而且是思维理解的对象。二、泛指各种事物，界指分界，即事物的类别，《俱舍论》卷八指出："能持自相，故名为界，或种族义"，一切事物种类自性各别不同，一一称为法界，如三界、十八界等。三、指现象的本源和本质，尤其是指成佛的原因，与真如、空性、实际、无相、实相等概念的性质相同，《辩中边论》卷上指出："此中说所知空性，由无变义说为真如，真性常如，无转易故；由无倒义说为实

际,非诸颠倒,依缘事故;由相灭义说为无相,此中永绝一切相故;由圣智境义说为胜义性,是最胜智所行义故;由圣法因说为法界,一切圣法缘此生故。此中界者,即是因义。"《成唯识论》卷二等,将法界特指能派生万有的精神实体种子:"一切有情无始付来有种种界,如恶义聚,法尔而有。界即种子差别名故。"隋唐以来,中国佛教各派对法界的解说特多,如华严宗立四种法界,天台宗立观门十法界,密宗立密教十法界。

⑤ 觉成就:谓取得觉悟成就。

⑥ 不与法缚:谓不受法的束缚。

⑦ 不求解脱:谓不强求用法来获得解脱。

⑧ 不厌生死:谓厌恶是生是死。

⑨ 不爱涅槃:谓不专门去爱求涅槃。

⑩ 不敬持戒:谓不尊敬持戒的戒律。

⑪ 不憎毁禁:谓对毁犯禁戒不产生憎恶。

【白话】

善男子!由于虚空是那样的平等不动,当然也就知道了觉悟的自性是平等不动;由于地、水、火、风四大也是平等不动,同样也就知道了觉悟的自性是平等不动;由此可推知八万四千陀罗尼门平等不动,当然也就知道了觉悟的自性还是平等不动。

善男子!觉悟的自性遍满各处,清净不动,圆满无际。所以,应该知道眼、耳、鼻、舌、身、意六根遍满法界;六根遍满法界,也就应该知道色、声、香、味、触、法六尘遍满法界;六尘遍满法界,也就应该知道地、水、火、风四大遍满法界,于是就可推知八万四千陀罗尼门遍满法界。

善男子!由于这种玄妙觉悟的自性遍满各处,所以各种根的自性、尘的自性没有坏损杂染;根、尘既然没有坏损杂染,可知八万四千陀罗尼门也没有坏损杂染。譬如有成百上千盏灯,集中同照一室，灯火遍照房间各个角落，没有坏损杂影。

善男子！一旦觉悟取得了成就，就应该知道菩萨不会受到诸法的束缚，也不强求用诸法来获得解脱；即不厌恶生死，也不爱求涅槃果境；既不敬重戒律，也不会憎恨破坏戒禁的事情；既不看重长时间的修行，也不轻视初学者。这些都是为什么呢？因为一切都是由成就了的觉悟而获得的。譬如眼睛在光线下面看到了眼前的一切，这光线圆满映照，当然会没有憎爱的感觉。所以如此的原因是什么呢？因为光体只有一个，自然没有憎爱的区别。

【解说】

本节经文为佛祖释迦牟尼用不同推理方法，继续深入宣说佛教之真空绝相观。和前节经文中使用的推理方法不同，本节经文佛祖释迦牟尼采用了由一般到个别、由抽象到具体、由全部到局部的推理方法。即由虚空平等不动，四大平等不动，八万四千陀罗尼门平等不动，推论出觉性平等不动；由觉性遍满，推论出六根、六尘、四大和陀罗尼门满法界；又由圆觉妙性遍满，根尘无坏无杂，推论出陀罗尼门无坏无杂。通过上述推论，佛祖释迦牟尼揭示的重要思想内容是：一旦按此修行，成就了觉悟，得到了菩萨果境，就会不住执于生死、涅槃、戒律、解脱等，达到了处于诸法中不受诸法束缚的境界，达到了圆融无碍的境界。这是因为圆觉清净妙性遍满一切，回离无分别，寂灭不二，无法不觉的缘故。

【原文】

善男子！此菩萨及末世众生，修习此心①得成就者，于此无修，亦无成就，圆觉普照，寂灭无二，于中百千万亿阿僧祇②，不可说恒河沙诸佛世界③，犹如空华乱起乱灭，不即不离,无缚无脱。始知众生,本来成佛,生死涅槃,犹如昨梦。

善男子!如昨梦故,当知生死及与涅槃,无起无灭,无去无来。其所证者,无得无失,无取④无舍。其能证者,无作⑤无止,无任⑥无灭。于此证中,无能⑦无所⑧,毕竟无证,亦无证者。一切诸法,平等不坏。

善男子!彼若菩萨如是修行⑨,如是渐次⑩,如是思惟⑪,如是住持⑫,如是方便⑬,如是开悟⑭,求如是法,亦不迷闷。

尔时世尊,欲重宣此义而说偈言:

普眼汝当知,一切诸众生,身心皆如幻,身相属四大,心性归六尘,四大体各离,谁为和合者?如是渐修行,一切悉清净,不动遍法界,无作止任灭,亦无能证者。一切佛世界,犹如虚空华,三世悉平等,毕竟无来去,初发心菩萨,及末世众生,欲求入佛道,应如是修习。

【注释】

① 此心:指圆觉清净妙心。

② 百千万亿阿僧祇:"阿僧祇",梵语音译,亦译"阿僧企耶",意译为"无数"、"无央数",为佛教用来表示异常久远时间单位的概念,一阿僧祇等于一千万万万万万万万万兆(一百万为一兆),《俱舍论》卷十二指出:"阿僧企耶,名劫无数。"《大智度论》卷四:"问曰:几时名阿僧祇?答曰:天人中能知算数法,极数不复能知。""百千万亿阿僧祇"谓无极之数的时间。

③ 恒河沙诸佛世界:"恒河",梵语音译,旧译作"殑伽"、"强伽"、"弥伽"、"恒伽"、"恒架",意为"由天堂而来",是南亚次大陆最大的一条河流,主要流经印度,佛教视其为福水,认为它圣名永存,供众人共享;佛祖释迦牟尼在世时,常在恒河边宣说妙法。

"恒河沙",以恒河之沙比喻数量之极。另外,印度教亦视恒河为圣河,两岸约有1500公里的地方为神圣的朝圣地,并在其中建筑了无数的印度教寺庙,教徒常来巡礼和沐浴,或将死者骨灰投入河中,认为可涤除罪恶。

④取:梵语意译。在佛教典籍中,其含义有二:一是追求执着的意思,《大乘义章》卷五指出:"取执境界,说明为取。"由此泛指人们同对象之间的一种特定关系,名之为"能取"(主体)"所取"(对象)。二是指十二因缘之一,指由"爱支"现行引生的炽热活动,《俱舍论》卷九指出:"为得种种上妙资具,周遍驰求,此住名取。"小乘佛教有些派别,以烦恼为取,认为五蕴(亦称五阴、五众、蕴意谓积聚、类别,五蕴指色蕴、受蕴、想蕴、行蕴、识蕴,五蕴广义上指物质世界和精神世界的总和,是佛教全部教义分析研究的基本对象)"从取生故"而名"五取蕴",《俱舍论》卷一将其分为"欲取"(对色、声、香、味、触等五妙境的贪求)、"见取"(执取各种非佛教的世俗观点)、"戒禁取"(执取各种非佛教的戒律等),这些均被视为应予破除的对象。这里的"取"为第一种含义。

⑤作:谓住守。

⑥任:谓任运。

⑦能:原义为能力,佛教一般用来指主体。

⑧所:原义为处所,佛教一般用来指外境或客体。

⑨彼若菩萨如是修行:"彼若菩萨"指新学而求清净圆觉的菩萨,也含末世初发心者,也就是上文普眼菩萨所代为发问的那批修行者。"如是修行"指佛祖释迦牟尼上文所作答的内容,亦即"如是而修如幻三昧",具体说就是"欲求如来清净觉心,应当正念,远离诸幻。"

⑩如是渐次:即上文所说的"先依如来奢摩他行,坚持禁戒,安处徒众,宴坐静室。"

⑪如是思惟:指上文所指出的观自身四大和合而成,毕竟无体,

和合为相，实同幻化；又观自心，妄有缘气，于中积累，似有缘相，假名为心；终究知道，身心俱空，究竟无我，无我我所；无我所可以认为是观法空，观法空也有一个层层超越，不断提高的次第，即："彼之众生，幻身幻灭，幻心亦灭；幻心灭故，幻尘亦灭；幻尘灭故，幻灭亦灭；幻灭灭故，非幻不灭。"总之，如是思惟要思考的是一个由妄有到空，再到不真空的过程，最终"譬如磨镜，垢尽明视"，透出圆觉妙性。

⑫如是住持：指上文指出的住持进修之法，若不能远于幻化，认识不到身心俱为圆觉性的幻垢，便是迷，便是众生；如果离此幻垢，便是离垢的菩萨。

⑬如是方便：即上文所指出的方便法门，一方面由内身根识清净，乃至外境六尘、四大、诸法等清净；另一方面由觉性遍满一切平等不动，乃至六根、六尘、八万四千陀罗尼门等遍满法界平等不动。即由个别到一般，再由一般到个别，这是认识上的方便法门。

⑭如是开悟：开悟谓觉悟，由于觉悟的自性遍满法界，根性尘性无坏无杂，众生境等于佛境，众生即是佛。若能如此觉悟，就会不与法缚，不求法脱，不憎生死，不爱涅槃等。

【白话】

善男子！诸位菩萨和末世众生若用这种觉悟之心来修习，就能取得成就。对此不作修习的人，就不会取得成就。圆满觉悟普照一切，寂灭一心平等无二，遍满百千万亿阿僧祇的时间过程，遍满不可计算不可数说的如恒河中沙粒数一样多的诸佛世界。这就像虚空中花，由杂乱生起，杂乱一旦消失，就会不即不离，没有束缚，没有解脱一样。所以才能知晓众生本来就能成佛，而生死涅槃如同昨日做梦至今未醒。

善男子！由于昨天做梦的缘故，所以今日一旦醒来就应当知道，所谓生死与涅槃，没有生起也没有断灭、无有来处也没有去处；那些主动去求证生死涅槃的人，会既无所得也无所失，既无获取也无舍弃；那些被动地去求证生死涅槃的人，既无住守也无止持，既无任运也无生灭。所以，证得生死涅槃或成佛，即无主动也无被动，毕竟是没有证，也没有证得的人，因为一切法自性平等不坏无差别。

善男子！诸位菩萨，这就是修行，这就是修行的次序，这就是思维，这就是住持，这就是方便法门，这也就是开悟。追求这种佛法，就不会感到迷乱和浑闷了。

世尊宣说完后，为了再次强调他所说的上述教法，于是用偈语的形式总结道：

普眼汝当知，一切诸众生，身心皆如幻，身相属四大，心性归六尘，四大体各离，谁为和合者，如是渐修行。一切悉清净，不动遍法界，无作止任灭，亦无能证者。一切佛世界，犹如虚空华，三世悉平等，毕竟无来去。初发心菩萨，及末世众生，欲求入佛道，应如是修习。

【解说】

这段经文是佛祖释迦牟尼对普眼发问所答的最后总结。佛祖作答普眼所问，归纳起来即是：应当正念远离诸幻，先依奢摩他行，坚持禁戒，宴坐静观身心幻垢、人法二空，乃至幻灭垢尽，一切清净，觉性平等不动。具体程序为：初修戒定，次修慧观，再观法空。最后由否定幻垢而得清净和平等不动。

金刚藏菩萨章

【原文】

于是金刚藏①菩萨在大众中,即从座起,顶礼佛足,右绕三匝,长跪叉手而白佛言:大悲世尊,善为一切诸菩萨众,宣扬如来圆觉清净,大陀罗尼因地法行,渐次方便,与诸众生,开发蒙昧②,在会法众③,承佛慈诲④,幻翳⑤朗然,慧目⑥清净。世尊!若诸众生本来成佛,何故复有一切无明?若诸无明,众生本有,何因缘⑦故,如来复说,本来成佛?十方异生⑧,本成佛道⑨,后起无明,一切如来,何时复生一切烦恼?惟愿不舍无遮大慈⑩,为诸菩萨开秘密藏⑪,及为末世一切众生,得闻如是修多罗⑫了义⑬法门,永断疑悔。作是语已,五体投地,如是三请,终而复始。

尔时世尊,告金刚藏菩萨言:善哉!善哉!善男子!汝等乃能为诸菩萨,及末世众生,问于如来,甚深秘密,究竟方便。是诸菩萨,最上⑭教诲,了义大乘,能使十方修学菩萨,及诸来世一切众生,得决定信⑮,永断疑悔。汝今谛听,当为汝说。

【注释】

① 金刚藏:"金刚"为梵语意译,金中最刚之意,用以譬喻牢固、锐利、能摧一切的意思,如佛经中常说般若如金刚。金刚一般

为"金刚力士"之略称。"金刚力士"即手执金刚杵守护佛法的天神。"金刚藏"谓该菩萨法身不坏，又能以般若慧剑斩断无明烦恼。

②开发蒙昧：谓众生不了圆觉性，如稚童一样蒙昧愚迷，今得到佛祖释迦牟尼的慈悲训示，必然会使众生蒙昧愚迷消失。

③法众：听佛祖宣说教法的大众。

④慈诲：慈悲的教诲。

⑤幻翳："翳"为目疾引起的障膜，泛指眼病。"幻翳"谓虚幻不实有如眼上有病。

⑥慧目：谓能观察照彻的智慧之目。

⑦因缘：指得以形成事物、引起认识和造果报等现象所依赖的原因和条件。因是在生果中起主要的、直接的作用的条件；缘是起间接的、辅助作用的条件。《俱舍论》卷六说："因缘合，诸法即生。"《维摩诘经·佛国品》罗什注指出："力强为因，力弱为缘。"僧肇注说："前后相生，因也；现相助，缘也。诸法要因缘相假，然后成立。"

⑧异生：梵语意译，亦译"凡夫"，指六道中未得佛法的有情众生。

⑨佛道：指在修行解脱过程中，可使众生达到佛教觉悟，从而趋向涅槃的佛法。如四念处、四正勤、四如意足、五根、七力、七觉、八正道等，皆可统称为佛道。

⑩不舍无遮大慈："不舍"谓不舍弃众生，不放弃众生；"无遮"谓平等不二，没有区别，不分贵贱；"大慈"谓宏大的慈悲心。"不舍无遮大慈"意即不舍弃众生不分等级贵贱发宏大慈悲心。

⑪秘密藏：谓若非适机的有根器的众生，绝不向他揭示的教法。

⑫修多罗：梵语音译，意为"经典"、"经契"。

⑬了义：通常指对佛教教法的价值判断，主要是用来区分大乘与小乘的，佛祖对有大乘根器的人宣说的教法称为了义，对有小乘根器的人宣说的教法称为不了义。

⑭ 最上：最高、最好。
⑮ 决定信：谓坚定的信心。

【白话】

佛祖释迦牟尼宣说完偈语后，金刚藏菩萨从大众中离座而起，他走到佛祖的面前，用头顶触摸佛祖的脚面，再起立右转，围着佛祖绕了三圈，又长跪在地双手合掌对佛祖说：大慈大悲的世尊，您善于为一切菩萨和大众，宣说如来圆觉清净大陀罗尼法修行次序的方便法门。为诸多众生开发了蒙昧愚迷，我们与会的全体听法众生，承蒙佛祖您慈善的教诲，原本执着虚幻有如眼睛有病一样，经您的医治后，朗然冰释，智慧的眼睛变得清净起来。世尊！如果说诸位众生本来就可以成佛，那么为什么还会有一切无明呢？如果说这些无明是众生原本就具有的，那么又是什么因缘使之合成，如来又反复说明众生本来就可以成佛呢？如果说十方不同类别的凡夫，本自就可以成就佛道，那么又为什么后来又生起无明，一切如何继来，什么时候会再生出一切烦恼呢？惟愿佛祖您不舍弃众生不区分贵贱，发宏大慈悲心，为我等诸位菩萨开示秘密深契的佛法，让末世一切众生掌握修持这契合义理经文的修多罗教整体，最终明白真实不虚的道理，永远断除疑惑和懊悔。金刚藏菩萨说完后，将五体投地，对佛祖再加礼拜，如是往复来回三次，以表达他的虔诚之请。

金刚藏菩萨乞请完毕后，佛世尊便开口对他说：善哉！善哉！善男子！你能为诸位菩萨和末世众生，询问如来甚深秘密究竟方便法门，这本身是对诸位菩萨最好的教诲，也是最终真实不虚的了义大乘教法。它能够使十方修行学习的菩萨和一切众生，都能获得坚定的信心，永远断除疑惑和懊悔。现在，你们仔细听着，我将为你们宣说。

【解说】

佛祖释迦牟尼在上面的经文中,向普眼菩萨宣说了修习圆觉,应当正念远离诸幻,先依奢摩他行,坚持净戒,宴坐静观身心幻垢、人法二空、乃至幻灭垢尽,一切清净,觉性平等不动。但是,既然觉性平等不动,寂灭无二,众生与佛同,佛与众生同,如来圆觉妙心清净本然,周遍法界。那么,引发众生修行的无明和众生本来就有佛性是什么样的关系呢?因此,金刚藏菩萨代表诸菩萨和与会法众向佛祖释迦牟尼发问。概括起来,金刚藏菩萨所问有三个问题:一是若众生本来成佛,那便具有了最终的真实,何以又说众生有无明呢?二是若众生本来就具有了无明,那么,又何以说他们本来就有佛性呢?三是就如来而言,已经断绝了无明才成就了佛道,那如何又说他再生无明呢?在佛祖释迦牟尼看来,金刚藏菩萨所以代表诸菩萨和与会法众问上述三个问题,是因为他们未能断绝疑悔。就疑来看,可能有三,一疑自己不能入理,二疑师不能善教,三疑自己所学法能离出离但不出离;就悔来看,悔恶则从善,悔善则从恶。因此,佛祖释迦牟尼将要为诸菩萨和众生断疑悔生信心,宣说最上乘的教诲。

【原文】

时金刚藏菩萨,奉教欢喜,及诸大众,默然而听:

善男子!一切世界①始终生灭②,前后有无③,聚散起止④,念念⑤相续,循还⑥往复,种种取舍,皆是轮回⑦。未出轮回而辨圆觉,彼圆觉性,即同流转⑧。若免轮回,无有是处。譬如动目能摇湛水⑨,又如定眼犹回转火⑩;云驶月运⑪,舟行岸移⑫,亦复如是。

善男子!诸旋⑬未息,彼物先住,尚不可得,何况轮转生死垢心，曾未清净，观佛圆觉而不旋复。是故汝等便生三惑⑭。

善男子！譬如幻翳，妄见空华，幻翳若除，不可说言此翳已灭，何时更起一切诸翳？何以故？翳华二法非相⑮待故。亦如空华灭于空时，不可说言，虚空何时更起空华？何以故？空无无华，非起灭故。生死涅槃，同于起灭，妙觉圆照，离于华翳。

善男子！当知虚空，非是暂有，亦非暂无。况复如来圆觉，随顺而为虚空平等本性？

善男子！如销⑯金矿，金非销有，既已成金，不重为矿，经无穷时金性不坏。不应说言，本非成就。如来圆觉，亦复如是。

【注释】

① 一切世界：结合下文经义，这里的一切世界特指三种世间，即正觉世间、有情世间、器世间。

② 始终生灭：始，谓随缘示生；终，谓缘尽现灭。特指正觉世间里的情况，即在正觉世间里，随缘而生，随缘而灭，故称始终生灭。

③ 前后有无：前，谓随业受生为有；后，谓业尽则灭为无。指有情世间里的情况，即众生因业报受生，业力流转尽了则可解脱，故称前后有无。

④ 聚散起止：聚，谓聚尘为界成劫则起；散，谓散界为尘空劫则止。指器世间里的情况，即凡器聚尘则起，散尘则止，故称聚散起止。

⑤ 念念："念"，梵语意译，指记忆。《俱舍论》卷四说："念谓于缘明记不忘。"《大乘广五蕴论》指出："云何念？谓于惯习事，心不

忘失，明记为性。惯习事者，谓曾所习行，与不散乱所依为业。"按此，在佛教看来，凡念皆为妄念，故"念念"即指惯习妄念。

⑥循还：即循环。

⑦轮回：梵语意译，也作"沦回"、"生死轮回"、"轮回转生"、"流转"、"轮转"等，音译为"僧娑洛"。谓如车轮回旋不停，众生在三界（欲界、色界、无色界）六道（天、人、阿修罗、地狱、畜生、饿鬼）的生死世界循环不已。轮回本是古印度婆罗门教的主要教义之一，佛教沿袭而加以发展，注入自己的教义。婆罗门教认为四大种姓（即婆罗门、刹帝利、吠舍、首陀罗，为古代印度以血缘区别来划分的社会等级集团，婆罗门为僧侣，刹帝利为国王和武士，吠舍为工商业主，首陀罗为劳动者）以及"贱民"在轮回中是生生世世永袭不可改变的。佛教主张在业报面前，四姓众生一律平等，下等种姓今生积善德，下世即可生为上等种姓，甚至可升到天界；而上等种姓今生有恶行，下世亦可生为下等种姓，以至下地狱。佛教从宗教伦理的角度说明了人间不平等的原因。

⑧流转：反复不止，生生不息，亦指轮回。

⑨动目能摇湛水："湛水"即极清澈而宁静的水。本来这种水连波纹也没有，但若观看水的人，自己使眼球转动，便会有湛水动摇的错觉。故称"动目能摇湛水"。

⑩定眼犹回转火："定眼"即瞪着眼睛看。瞪着眼睛看人舞动火把，便会有火圈的错觉。故称"定眼犹回转火"。

⑪云驶月运：谓月亮在天空中相对来看位置不变，但因云彩流过，便会有月亮运动的错觉。

⑫舟行岸移：谓舟行似箭，站在舟中的人会认为河岸从两边飞驰而过。

⑬诸旋：指上文的"动目"、"定眼"、"云驶"、"舟行"，因这些譬喻，均在说明一切事物生起变化，都在运动。但佛教认为这些运动都非客观的外在的运动，而是与主观、与妄心联系的运动。湛

水本不动摇是目动而使其动；火把本不是火圈，而是眼睛瞪看的结果；云驶月运、舟行岸移也是感觉者丧失了标准或误执判断标准的结果。这些错误妄觉，如果不从根本上纠正，不从自身寻求原因，这些由错觉形成的运动依然存在，故称"诸旋"。

⑭ 三惑："惑"，烦恼之总称。《百法明门论忠疏》指出："惑谓根本及随烦恼。"《大乘义章》卷五说："能惑所缘，故称为惑。"特指因不懂得佛教教理和信仰以致迷惑于认识的对象而言，与"无明"等义相近，有时称为愚惑。由于烦恼与业共同结合，被视为轮回果报的总因，故惑业往往并称。此处"三惑"特指金刚藏菩萨所提的三个问题。

⑮ 非相：非，否定词，意即无；相，指事物、现象的相状与性质，亦即认识中的表象和概念。非相即是无相，无相即是实相，实相即摆脱世俗之有相认识所获得的常住不变的真实相状，亦即法性真如，这里指圆觉清净妙心。

⑯ 销：冶炼。

【白话】

金刚藏菩萨听佛祖释迦牟尼的话后，为能够亲自奉听佛祖的教诲，内心充满了欢喜，诸位菩萨和与会大众都鸦雀无声，默默听佛开始说法：

善男子！一切世界中的全部事物和现象，都是有始有终有生有灭的。过去、未来、或有、或无、缘聚、缘散、生起、停止，都因妄念前后相续不断，而循环往复不止。所以，众生坚持那些种种获取舍弃的不同看法，都属于轮回的范畴。众生既然未能跳出轮回，而妄自去分辨圆满觉悟，那么，这种圆满觉悟性仍然等同于往复流转的生死轮回之中。若要免除轮回，心境无有是处。譬如双眼晃动，水并没有转，却看见了水波在摇动；又如双眼瞪着不动，却将火把旋转看成是一个火轮在旋转；再如，月亮本来不动，但月亮旁有云彩移动，就好像月亮在移动；乘坐在飞驰的船上，就可以感觉到两边的岸在后退，这也是同样的例子。

善男子！各种各样的事物和现象都是处在流动转动之中，没有停息，很难说哪种东西会先停不动。既然不可得到事物和现象无有先停的认识，何况轮转生死的垢心也不曾清净，只有观想成佛的觉悟，才能不再生起诸物往复旋转的认识。所以，正是由于这个原因，才使你们生起了金刚藏菩萨所问的三个疑惑。

善男子！譬如患眼病的人，妄见空中有花，眼病虽然已经除去了，但不能用言语说明眼病已彻底消除了，眼睛可能会在什么时候再次生起一切诸种疾患。为什么呢？因为眼病与花两种事物之间并没有一种相互待缘的关系，即眼病不与花同时而出，花不随眼病而生。又如空花灭尽于空时，也不能够用语言来说虚空什么时候又会再生起空花。为什么呢？因为空本来就没有花可言，并不是由于有生起或灭尽的原因才有了花。所以，认为有生死涅槃和认为有生起或灭尽一样，都是妄见。而玄妙的觉悟圆满普照，是远离于空花和眼病的。

善男子！现在你们应当知道虚空既不是暂时的有，也不是暂时的无。何况如来圆满觉悟、随顺而为虚空的平等本性呢？

善男子！譬如冶炼金矿石，来获取金子。但金子并不是在冶炼金矿之后才有的，而是本来就有的。矿石既然已经变成金子，就不会再重新还原成矿石，即使经过漫长的时间，金子的特性仍然永远不会丧失、损坏。所以，不应该说金子的自性本来没有。如来圆满觉悟性，也应该是这样的。

【解说】

为了回答金刚藏菩萨所问的三个问题，佛祖释迦牟尼在本节经文中首先指出，人们所见的现象世间完全是妄心念念生灭的产物，认为一切事物无不具有生灭有无聚散等的可能性，但所有这一切恰好是从妄见来的，在圆觉妙性的层次上本来就没有种种分别。众生一旦产生了上述种种分别，即事物生灭、有无、聚散等，就会永远处在妄心对妄境的境地，永无出头之日，便要轮回。轮回在这里不仅是指善恶果报，而且还指众生因妄心妄念造业起惑而永无解脱，还指众生局限于虚妄取舍追逐戏论，在分别概念的圈子里打转，永远也跳不出这个圈子。其次，佛祖释迦牟尼进一步指出虚妄观念皆起于主观方面，众生一旦不能超越所生存的境界，从世俗执迷的角度来思考观察生死轮回，或来摆脱概念的戏论，则会将清净不动的圆觉妙心也弄成了轮回，妄心甚至会歪曲圆觉妙心本身。为了论证这一观点，佛祖释迦牟尼用湛水、转火、云驶月运、舟行岸移的比喻进行了论述，旨在说明一切事物的生起变化，甚而至于寂灭解脱，都是主观上念念相续造成的，简言之，即是境由心造。再次，佛祖释迦牟尼又用眼病与空花为喻，进一步指出，无论有此幻花与否，总不能说是空中生起了或消灭了花，因为此花是从主观的妄见上生起或消灭的。与空并无必然的相依相待随生随灭的关系。所以，迷于生死之见，好比假花起于空中；悟得涅槃，又好比假花从空中消失；生与灭是执见有或无造成的，与空中实在并无关系，空中本无花，既无生起，也无消灭，而圆觉妙性远上于生死涅槃，高出于他们，因为圆觉妙性是寂灭无二的，惟有空性独存，其中既没有生死轮转，也没有离染垢出生死。这便是《心经》上所谓："无无明，亦无无明尽。"

在上述说教的基础上，佛祖释迦牟尼又指出，虚空的存在是不以人的意志为转移的，增一物减一物都无碍于虚空的存在，虚空既不是暂有，也不是暂无，与之相应的更为空灵广大的如来圆觉具有虚空的自在性。为什么呢？虚空并不因空中有幻花而存在，也不因空中幻花不见而消失，虚空就是虚空；圆觉妙性也是如此，它与迷悟妄念幻见无关，不因执迷而有，也不因觉悟而无。在这个意义上，可以说一切众生本有佛性，也可以说一切众生本有无明，无论是生死，还是涅槃，圆觉妙性平等不动。众生行般若观照，修种种波罗蜜，无非是使原有的圆觉妙性显现，并不是使其产生，这就同冶炼金矿一样，金子本来就有，不是炼而才有。

【原文】

善男子！一切如来圆觉妙心，本无菩提及与涅槃，亦无成佛及不成佛，无妄轮回①及非轮回②。

善男子！但诸声闻③所圆④境界，身心语言，皆悉断灭，终不能至彼之亲证所现涅槃，何况能以有思惟心测度如来圆觉境界？如取萤火烧须弥山⑤，终不能著。以轮回心⑥生轮回见⑦，入于如来大寂灭海，终不能至。是故我说，一切菩萨及末世众生，先断无始轮回⑧根本。

善男子！有作思惟从有心⑨起，皆是六尘妄想缘气，非实心体，已如空华。用此思惟辨于佛境，犹如空华，复结空果⑩，层转妄想，无有是处。

善男子！虚妄浮心多诸巧见，不能成就圆觉方便。如是分别非为正问⑪。

尔时世尊，欲重宣此义而说偈言：

金刚藏当知，如来寂灭性，未曾有终始。若以轮回心，思惟即旋复，但至轮回际，不能入佛海。譬如销金矿，金非销故有，虽复本来金，终以销成就。一成真金体，不复重为矿。生死与涅槃，凡夫及诸佛，同为空华相。思惟犹幻化，何况诘虚妄，若能了此心，然后求圆觉。

【注释】

① 妄轮回：谓由妄见所引起的轮回。

② 非轮回：即无轮回、没有轮回。

③ 声闻：梵语的意译，意为听闻佛的教诲而成就觉悟者。原指佛祖释迦牟尼在世时的弟子，后与缘觉、菩萨二乘相对，为三乘之一。指只能遵照佛的说教修行，并惟以达到自身解脱为目的的出家者。其以修学四谛（苦、集、灭、道）为主，最高果位是阿罗汉，最终目的是达到灰身灭智。《大乘义章》卷十七说："从佛声闻而得道者悉名声闻"，又"观察四谛而得道者悉名声闻"。此处泛指追求小乘果位者，与大乘不同。

④ 所圆：谓所追求的圆满境界。

⑤ 取萤火烧须弥山：按佛教说法，须弥山高八万四千由旬，只有劫末时的大火才能烧灭销毁，一般的世间之火无能为力，更不用说用萤火虫点燃的那点热量。故佛说："取萤火烧须弥山"。

⑥ 轮回心：谓在轮回生死中的凡夫的心识。

⑦ 轮回见：谓在轮回生死中凡夫心识所引发的见解。

⑧ 无始轮回：谓一切众生，从无始来，因有虚妄分别心，也即是颠倒妄想的第六意识，起惑造业，从而堕入轮回果报之中；这是轮回的原动力，因从无始来，故称"无始轮回"。

⑨ 有心：谓有意识作用的妄心。

⑩ 空果：没有什么结果。

⑪ 正问：符合真实的真正的问题。

【白话】

善男子！一切如来玄妙圆满觉悟之心，本来就没有菩提或者涅槃，也没有成佛或者不成佛，更没有由妄见引起的轮回与没有轮回的种种说法。

善男子！但在声闻乘即小乘中的人，他们追求的所谓圆满境界，尽管是身心语言造的业全部断除灭尽，最终也不能达到他们所要亲自得证的涅槃，何况以用有思维观想的方法来揣测猜度如来圆满觉悟境界呢？这就好像以萤火来烧毁须弥山，最终根本不能得逞。以有轮回的想法，生起轮回的见解，这又好比进入了深不可测的如来大寂灭海，最终不能到达彼岸。所以我说：一切菩萨和末世众生，首先要断除的就是无始轮回的根本妄见。

善男子！有造作思维的人，是从有这种心识引起的。内容都是色、声、香、味、触、法这六种尘埃外境，妄心之缘气并不是真实不虚的心体，这早已如同空花一样。用这种思维来观想，来辨别成佛的境界，就好像空花再结出空果，其实根本不会有果。所以，展转妄想，没有任何益处。

善男子！凡是虚妄浮游之心，多会产生诸种虚巧的见解，这是不能取得圆满觉悟方便成就的。如果用这样的分别方法来提问，是不正确的问道方法。

世尊说完后，为了再一次强调他所宣说的教法，于是用偈颂的形式总结道：

金刚藏当知，如来寂灭性，未曾有终始。若以轮回心，思惟即旋复，但至轮回际，不能入佛海。譬如销金矿，金非销故有，虽复本来金，终以销成就。一成真金体，不复重为矿。生死与涅槃，凡夫及诸佛，同为空华相。思惟犹幻化，何况诘虚妄，若能了此心，然后求圆觉。

【解说】

佛祖释迦牟尼回答金刚藏菩萨所问，向与会菩萨及众生示说的中心思想是，圆觉本性平等不坏，众生虽有思维心，但不能测度如来境界，应先断除无始轮回这一根本。此节经文即是围绕这一主旨而展开的结论性论述。

经文指出，众生与佛，生死与涅槃，迷惑与菩提（觉）之间原来是平等无异的关系。从圆觉真心的本体上看，所有一切染净妄真的分别都是多余的，都是外面加上去的，与本体的真觉无关。真觉即圆觉妙心，已离了一切念，处于纯然无所无能知的境地，其纯粹清净，无纤毫尘垢，圆照一切法界，灵觉不昧；在这个绝对的、本体的、本初的心体上，当然不能作任何分别，所以说无菩提及与涅槃区分，以至没有成佛与否，轮回与否。同样，圆觉妙心绝不是用有限的语言思维可以揣测的，只有佛才能够觉证，才能知其所以然；小乘中人，即使身心语言皆悉断灭，也不能了解它；对于那些层次更低的凡夫俗子，更无从测度圆觉妙心的境界。所以，在轮回生死中的凡夫俗子，以他那点见解心识，要想了解如来一切种智的大寂灭海，是根本不可能的，要想证得其境，菩萨也好，众生也好，应当先断除无始轮回根本，《楞严经》指出："一切众生，从无始来，不知常住真心性净明体，用诸妄想，此想不真，故有轮回。"可见，修习佛教，尤其是要证得圆觉妙心，重要的是断除无始轮回的根本，也就是要克服颠倒的第六识妄心，防止种种自以为是的巧见或自作聪明的见解。这些便是所谓的轮回心、轮回见，用它们来认识不可思量、不可分别的圆觉真性，可以说是南辕北辙，永远不会达到目的。

就金刚藏菩萨所问的三个问题，按佛祖释迦牟尼在经中的论述，可归纳出作答如下：答一，由于不知众生本来具足成佛之觉性，随因染缘，故有无明。答二，由于不知众生虽起无明，仍属幻有，究竟非实；本来能成佛，说明真知本来就有，虽起妄性，真知本原仍在。答三，由于不知佛性有在缚和出缚的区别，在缠缚中，则有无明；出于缠缚，如若黄金出于矿石，黄金一旦形成，再就不能回复为矿，即众生若已成佛，就不复再生烦恼了。

弥勒菩萨章

【原文】

于是弥勒菩萨,在大众中即从座起,顶礼佛足,右绕三匝,长跪叉手而白佛言:大悲世尊!广为菩萨开秘密藏,令诸大众深悟轮回,分别邪正。能施末世一切众生无畏道眼①,于大涅槃②生决定信,无复重随轮转境界,起循环见③。世尊!若诸菩萨及末世众生,欲游如来大寂灭海,云何当断轮回根本④?于诸轮回有几种性⑤?修佛菩提几等差别?回入尘劳⑥,当设几种教化方便度诸众生?惟愿不舍救世大悲,令诸修行一切菩萨及末世众生慧目肃清,照耀心镜⑦,圆悟⑧如来无上知见⑨。作是语已,五体投地,如是三请,终而复始。

尔时世尊,告弥勒菩萨言:善哉!善哉!善男子!汝等乃能为诸菩萨,及末世众生请问如来深奥秘密微妙之义,令诸菩萨洁清慧目,及令一切末世众生永断轮回,心悟实相,具无生忍⑩。汝今谛听,当为汝说。

【注释】

① 道眼:辨识修道之眼,以正慧决定,邪正分明,从而无所畏惧,故称其为"无畏道眼"。

② 大涅槃:谓佛所证所断之果,为转变二种生死而成,此果位具究竟圆满的特性,故称其为"大涅槃"。

③循环见：指种种分别妄心邪见，使众生不免桎梏于轮回之中，循环生死，故称"循环见"。

④轮回根本：即无始轮回，谓一切众生从无始来，因有虚妄分别心，起惑造业，从而堕入轮回果报之中，这便是轮回的根本。

⑤种性：特性。

⑥尘劳：指众生所处的尘境世间。

⑦心镜：谓心净如镜，上无纤尘所染，映现万物，一无漏失。

⑧圆悟：圆满无缺地领悟、觉悟。

⑨无上知见：谓最高的正知正见，无所不知，无所不晓。

⑩无生忍：谓众生未悟，翳眼便见空花，其实空花本来不生，所以也不灭，众生今若懂此不生不灭的义理，便与实相契证如一，于三界之中不见有法生，亦不见有法灭，不生不灭，忍可于心，故称"无生忍"。

【白话】

佛祖释迦牟尼宣说完偈语后，弥勒菩萨在大众中离座而起，他走到佛祖面前，向佛祖施礼，用头顶触摸佛祖的脚面，再起立右转，围着佛祖绕了三圈，又长跪在地，双手合掌对佛祖说：大慈大悲的世尊！您广泛地为诸位菩萨开启了甚深佛法的秘密藏，使诸多众生深深地认识到了生死轮回的虚妄不实，使他们能够分别出邪正是非，能够施予末世一切众生无所畏惧的辨识修证的道眼，让他们在圆满真实的大涅槃中，生起坚定的信心，不再重蹈随缘流转轮回的境界，不再生起往复无穷的循环偏见。世尊！如果诸位菩萨和末世众生，想遨游如来大寂灭海，那么，什么是彻底断除轮回之根？在各种轮回中，有哪几种特性？修行成佛的菩提，有哪几种差别？返回尘世劳作，应当设立几种教化方便的法门，以度脱众生？惟愿从不舍弃众生的救世大悲大慈的世尊，把修行的一切菩萨和末世众生智慧之眼的障碍肃清，让智慧照耀的心净如明镜，圆满地觉悟到如来无上知见。弥勒菩萨说完后，将五体投地，对佛祖再行礼拜，来回往复三次，以表达他的虔诚之请。

弥勒菩萨乞请完毕后，佛世尊开口对他说：善哉！善哉！善男子！你们能够为诸位菩萨和末世众生询问如来深奥秘密教法的微妙之义，使诸位菩萨洁净，肃清他们智慧之眼的障碍，以及让一切末世众生永远断除轮回，内心悟得实相，心存无生忍。现在，你们仔细听着，我将为你们解说。

【解说】

上文金刚藏菩萨所问，佛祖释加迦牟开启了秘密藏，为其解答。即为秘密藏，即是不可轻易宣说，即使说了也不是随便可以理解的；实际上，佛祖释迦牟尼是以"舟行岸移"、"云驶月运"、"瞖眼见空华"、"销矿得金"等比喻说明了真随妄转的道理，也说明了根本妄心是轮回的根本。那么，轮回断除的情况又是怎样的呢？其中还要注意哪些问题？这便是此段经文中弥勒菩萨所请的缘由。

概括起来，这段经文中弥勒菩萨所请的问题，可以从两个角度来看，一是从总体上的发问，即"欲游如来大寂灭海，云何当断轮回根本？"另一是从分别上的发问，共有三个问题，即："于诸轮回，有几种性？"、"修佛菩提，几等差别？"、"回入尘劳，当设几种教化方便，度诸众生？"按照大乘佛教的原理，这些问题是不可言说的，因为一旦言说，即为执相。《金刚经》指出："凡有所相，皆是虚妄，若见诸相非相，即见如来。"意即凡执相，皆为虚妄，即使所执为真如实相，也是虚妄，彻底的理解应该是诸相非相，实相非相，亦非非相。要使弥勒菩萨等与会的菩萨和大众弄懂这一根本道理，佛祖将在下文将只好说破秘密藏，开演渐教门，使新发意修菩萨行的信众清洁慧目，心中不萌生爱欲，贪爱不起，业道便断。

【原文】

时弥勒菩萨，奉教欢喜，及诸大众，默然而听：

善男子！一切众生，从无始际①，由有种种恩爱②贪③欲④，故有轮回。若诸世界一切种性，卵生⑤、胎生⑥、湿生⑦、化生⑧，皆因淫欲而正性命⑨。当知轮回，爱为根本。由有诸欲⑩助发爱欲，是故能令生死相续。欲因爱生，命因欲有⑪，众生爱命，还依欲本，爱欲为因，爱命为果⑫。由于欲境起诸违顺⑬，境背爱心而生憎嫉，造种种业，是故复生地狱⑭、饿鬼⑮。知欲可厌，爱厌业道，舍恶乐善⑯，复现天⑰人⑱。又知诸爱⑲可厌恶故，弃爱乐舍，还滋爱本，便现有为增上善果。皆轮回故，不成圣道。是故众生欲脱生死，免诸轮回，先断贪欲及除渴爱。

善男子！菩萨变化，示现世间，非爱为本。但以慈悲，令彼舍爱，假诸贪欲，而入生死。若诸末世一切众生，能舍诸欲，及除憎爱，永断轮回，勤求如来，圆觉境界，于清净心，便得开悟。

【注释】

① 无始际：谓众生最初一念不觉，妄起无明之时，即是"无始际"。所以称无始，是因为心无初相，无法言说当初是什么样子。

② 爱：梵语的意译，贪爱、爱欲的意思，佛教十二因缘之一。《俱舍论》卷九说："贪妙资具、淫爱现行，未广追求，此位名爱。"此即特指贪求财物、爱恋异性而言。此爱是贪、染的主要内容，被视为世俗生活得以发生而不得解脱的最重要原因。《人本欲生经》注指出："爱为秽海，众恶归焉。"

③贪：梵语的意译，贪爱、贪欲的意思。为佛教所谓三毒之一，佛教有部不定地法之一，法相宗（慈恩宗）烦恼法之一。《俱舍论》卷十六说："于他财物恶欲名贪。"《成唯识论》卷六说："云何为贪？于有有具染著为性，能障无贪、生苦为业。""有"指世俗众生本身，"有具"指众生赖以生存的物质条件。

④欲：梵语意译，希求、欲望的意思。《俱舍论》卷四说："欲谓希求所作事业。"《唯识论》卷五说："云何为欲，于所乐境希望为性，勤依为业。"《杂阿含经》说："欲生诸烦恼，欲为生苦本。"佛教认为，人们由于无明所障，产生了对外界一切的念爱渴求，这便是欲。有欲则有烦恼，有烦恼则有诸苦。所以，佛教特别强调要离欲。按佛教教义，欲的分类较多，主要有：三欲，即形貌欲、姿态欲、细触欲，另有欲界三欲，即食欲、眠欲、淫欲。五欲，也称五妙欲，指为追求色、声、香、味、触五境而起的五种情欲，也有说五欲为财欲、色欲、饮食欲、名誉欲、睡眠欲。六欲，即色欲、形貌欲、威仪姿态欲、言语音声欲、细滑欲、人想欲。

⑤⑥⑦⑧卵生、胎生、湿生、化生：合称四生，指在六道（天、人、阿修罗、畜生、饿鬼、地狱）中所有众生的四种形态。卵生：即从卵壳中出生的动物，如鸡、雀、乌鸦、鹊、孔雀等。胎生：即由母胎出生的人和动物。湿生：亦称因缘生，指在水中或湿气中生长的动物。化生：指无所依托，借业力而出现者，如诸天神、饿鬼及地狱中的受苦者。佛教把此岸世界从低到高划分为欲界、色界、无色界三界，各类众生均依其前世之业而居于三界之中的天、人、阿修罗、畜生、饿鬼、地狱等六种形态而不停地轮回转生，四生中的卵生、胎生、化生在三界中住处欲界之中，化生则通于三界。

⑨正性命：谓贪爱与淫欲在本质上是相同的，一切有情众生说到底以欲爱为生因，受性禀命之正，故称"正性命"。

⑩诸欲：指六尘欲境，即一切能钩牵众生贪欲的对象境界，无非色、声、香、味、触、法六者。

⑪命因欲有:"命"指身命,"欲"指淫欲。此句谓身命因淫欲而生,即爱欲为受生之因,爱命则为受生之果。

⑫果:即果报,梵语意译,亦译为异熟。意谓果异于因而成熟,泛指依业因而得的果报。果报有种种解释:一、指因变为果,此果之性质异于因之性质;因有善有恶,而果具非善非恶之无记性。《俱舍论》卷二说:"或所造业,至得果时,变而能熟,故名异熟。果从彼生,名异熟生,彼所得果与因别类,而是所熟,故名异熟。"二、指因与果必隔世而熟,或变异而熟;即业因须于后世方得果报。《成唯识论述记》卷二指出:"言异熟者,或异时而熟,或变异而熟,或异类而熟。"

⑬违顺:"违",指对象与爱欲之心相背离;"顺",指对象与爱欲之心正相投合。境心相顺,有情众生就会纵情享乐,以至造恶业;境心相违,有情众生则就会生恼嫉憎恨,以至凌辱打骂和杀害,这也是造恶业。

⑭地狱:梵语那洛迦的意译,亦译"不乐"、"可厌"、"苦具"、"苦器"等,佛教六道三恶道(畜牛、饿鬼、地狱)之一。按佛教教义,地狱可分为三大类:根本地狱、近边地狱和孤独地狱。根本地狱即所谓八大地狱,分别为:一、等活地狱,生此者将不停地相互残杀,凉风吹来死而复活,更受苦害。二、黑绳地狱,生此者受黑铁绳绞勒之苦。三、众合地狱,此处以众兽、刑具等配合,残害罪人。四、号叫地狱,生此者受苦折磨,发出悲号。五、大叫地狱,罪人比前者受的残害更重,故而大声叫唤。六、炎热地狱,以铜镬、炭坑煮烧罪人。七、大热地狱,罪人受煮烧苦较前更烈。八、阿鼻地狱,意译无间地狱,位于南赡部洲之下二万由旬,深广亦二万由旬,造十恶业重罪者在此地狱中受苦无间。近边地狱即十六小地狱,亦即八大地狱周围所附属的八寒冰地狱和八炎火地狱。孤独地狱即山间、旷野、树下、空中等,佛经《十八泥犁经》和《佛说十五经》中,详细记述了佛教勾画的各种地狱图景。

⑮ 饿鬼：梵语意译，亦译"鬼"，音译为"薜荔多"、"闭丽多"，佛教六道三恶道之一。此类众生常苦于饥饿，故名饿鬼。饿鬼种类极多，有九鬼、三十六鬼等分法。他们有的腹大如鼓、咽喉似针；有的口吐火焰，来食即焚；有的仅以粪、血、水、发、气、唾、风、木炭、灰土等为食；有的居于山林冢庙，有的居于人间坟地，有的居于黑山洞，有的居于不净巷陌，有的居于空旷原野，有的居于阎魔王的地下宫殿；有些鬼有威德，如药叉、罗刹等；有些鬼则食人精气，吃食小儿，欲色甚重。此类众生是因为前世破律犯戒、毁佛涅槃、比做圣贤、扬己之名而内无实德，故而转生此道。佛经《饿鬼报应经》、《佛说杂藏经》、《佛说鬼门目连经》等，对各类饿鬼的前世业因皆有分类说明。

⑯ 善：泛指与善心相应的一切思想和行为，凡符合佛教教理的皆为善，故其可包摄六度万行。《大乘义章》卷七指出："顺名为善，违名为恶。"顺即随顺佛教之理，违即违背佛教之理。善能生妙果，生余善，故亦有善根之说。善与恶相对，其具体标准划分，佛教诸师说法不一，常见者有十善。其中属于身业的有三，即不杀生、不偷盗、不邪淫（不与非配偶行欲）；属于口业的有四，即不妄语（亦称虚诳语）、不两舌（离间语）、不恶语（粗恶语）、不绮语（杂秽语）；属于意业的有三，即不贪欲、不嗔恚（仇恨和损害他人的心理）、不邪见。

⑰ 天：又称："天众"、"天人"、"天部"，佛教六道中三善道（亦称三善趣，指天、人、阿修罗）之一，是三界（欲界、色界、无色界）中最高、最优越的众生，三界一切世间均有此类众生。欲界有六欲天，分别为四天王天（东为持国天、南为增长天、西为广目天、北为多闻天）、忉利天（又名三十三天）、夜摩天、兜率天（弥勒菩萨居此天）、乐变化天、他化自在天，欲界六天众皆不离食欲和淫欲。色界有四禅天，总共十七天，为有宫殿居住，有体形，但已离食淫二欲的众生，分别为初禅三天（梵众天、梵辅天、大梵

天）、二禅三天（少光天、无量光天、极光净天）、三禅三天（少净天、无量净天、遍净天）、四禅八天（无云天、福生天、广果天、无烦天、无热天、善现天、善见天、色究竟天）。无色界有四天，此众既无欲、亦无肉身，惟以众同分（使众生得同样果报之因）及命根（相当于寿命）假和合而成的众生，四天分别为空无边处天、识无边处天、无所有处天、非想非非想处天。

⑱ 人：佛教六道三善道之一，即人类。

⑲ 诸爱：犹上文"采善"之"善"，为得生六欲天之善因。

【白话】

弥勒菩萨听佛祖释迦牟尼说完后，为能亲自得到佛祖的教诲，内心充满欢喜，诸位与会大众也都鸦雀无声，默默地听佛祖宣说：

善男子！一切众生从无始际开始，由于有了种种恩爱贪欲，于是就有了轮回。如果各个世界上的一切生命，是由卵生、胎生、湿生、化生四生而生，那么它们皆由淫欲而受生后正式成就性命的。所以，由此应该知道轮回中的爱是诸欲的根本，由于有了各种欲望，助长发动了爱性，因此，才使其出现了生死相续不断的轮回。欲是因为有了爱才生出的，命是因为有欲才存在的。众生之所以贪爱性命，还是因为以欲为本，以爱欲为因，才有了贪爱性命的结果。又由于在欲望的境界生起有种种随顺或不顺随的原因，境界与爱心相背离，生出憎恨嫉妒，于是造作了种种活动，由此而再流转轮回于地狱、饿鬼之趣。知道了诸种欲望可以使人讨厌，不喜欢做讨厌的活动，舍弃作恶的行为，乐于追求善的行为，可以再现天、人之趣。又知道了诸种爱是可厌恶的，于是抛弃爱，乐于修行，但这仍然还是没有离弃爱的本质，即使现在获得了增上善果，还是处于轮回之中，所以不能成就圣道。因此，众生要想脱离生死，避免种种轮回，就要先断尽贪欲，以及除尽渴爱的欲望。

善男子！菩萨以各种变化在世间示现，不是以爱心为根本，而是以慈悲让众生生起舍弃爱心的，所以，这就是借助贪欲而得入生死的道理。如果末世一切众生能够做到舍弃诸种欲，除去憎爱，永远断绝轮回，勤奋地求取如来圆满觉悟境界，在清净心中，便得到了开悟。

【解说】

轮回是怎样产生的呢？

佛祖释迦牟尼认为，无始之际的众生，由于种种贪爱，由引发诸业的根本无明，引起润生的枝末无明，即《楞严经》所谓："流爱为种，纳想为胎，交媾发生，吸引同业，以是因缘，故有生死。"简言之，欲境牵心，故众生生死不绝，即为轮回。再进一步分析，就是贪爱与淫欲二者在本质上是相同的，一切有情众生说到底是以欲爱为生因，故有卵生、胎生、湿生、化生四类受生。具体来看，卵是惟想而生，胎是因情而有，湿是以合感性，化是以离为生。六尘欲境是钩牵人欲的对象环境，它能助发爱性，促使贪爱的心性向外驰骋，贪爱于境，就是惑，就是无明，心境一旦相合，就会造业，一旦做业，就不免于报，无边生死轮回由此而起。

在有情众生产生轮回的过程中，若心境相顺，即贪爱之心与外境相一致，有情众生就会纵情享乐，以致造恶业；若心境相违，即贪爱之心与外境不相一致，则有情众生就会生烦恼憎恨，以至凌辱打骂杀戮，这也是造恶业。造恶业就要在地狱、饿鬼、畜生三恶道中轮回。有情众生若能弃恶从善，乐于修行，就会在天、人、阿修罗三善道中轮回。但是，三善道也只是改变了生存的境界，仍然处在轮回之中，没有得到解脱。要得到彻底解脱，就要从根本上断贪欲除渴爱，勤求如来圆觉境界，惟以清净心，便得开悟。

【原文】

善男子！一切众生由本贪欲，发挥无明，显出五性①差别不等，依二种障而现深浅②。云何二障？一者理障③，碍正知见④；二者事障⑤，续诸生死。云何五性？善男子！若此二障未得断灭，名未成佛。若诸众生永舍贪欲，先除事障，未断理障，但能悟入声闻缘觉⑥，未能显住菩萨境界。

善男子！若诸末世一切众生，欲泛如来大圆觉海，先当发愿勤断二障。二障已伏，即能悟入菩萨境界。若事理障已永断灭，即入如来微妙圆觉满足菩提及大涅槃。

善男子！一切众生皆证圆觉，逢善知识⑦，依彼所作因地法行，尔时修行，便有顿渐，若遇如来无上菩提正修行路，根⑧无大小，皆成佛果⑨。若诸众生，虽求善友，遇邪见者，未得正悟⑩，是则名为外道⑪种性，邪师过谬，非众生咎。是名众生五性差别。

【注释】

①五性：指佛教认为众生具有五种不同成佛的可能性，按《解深密经》卷二，这五种可能性分别为：菩萨定性，即将确定无疑地成为菩萨；缘觉定性，即将确定无疑地修得缘觉乘；声闻定性，即将确定无疑地修得声闻乘；三乘不定性，即有三乘种子，将确定无疑地在三乘中某一乘修得成就；无性有情，即注定不能解脱者。归纳起来即是凡夫性、声闻缘觉性、菩萨性、不定性和无性外道，这五性是差别不等的。

②依二种障而现深浅："二种障"即下文的"事障"、"理障"。深指深障，浅指浅障，深障指我法二执迷于顽固，浅障指已证我空但法执尚有。

③理障：即所知障，指使人不能正确了解对象的障碍，即由邪见等理惑障碍正知见，使无正知见，故不能了解对象。

④正知见：指既不执法有也不执我有的正确知见。

⑤事障：即烦恼障，指因贪爱等事惑相续生死而障碍涅槃，即由此障而起贪爱，使惑业不断，生死往返，轮回不止。

⑥缘觉：梵语意译，亦译"独觉"，音译为"辟支迦佛陀"，略称"辟支佛"，与声闻合称二乘，与声闻、菩萨合称三乘。据佛典，缘觉有二义，一为其出生于无佛之世，当时佛法已灭，但因其前世修行的因缘，自以智慧得道。二指自觉不从他闻，观悟十二因缘之理而得道。此处即指此义。

⑦善知识：在佛经中一般指有德行有学问的人。在藏语系佛教中，善知识乃藏语"格威喜联"的意译，亦简称"格西"，为藏语系佛教中的学衔，按格鲁派（黄教）的学制循序修学五大论典之后始可取得，因卒业成绩的优劣，分为四个等级。

⑧根：梵语的意译，谓"能生"，为具有促进增生作用的根本。如眼根能生眼识，耳根能生耳识等，《俱舍论》卷三指出："根者是何义？最胜自在光显名根，由此总成根增上义。"根按佛经，总共分为二十二种：眼根、耳根、鼻根、舌根、身根、意根、女根、男根、命根、苦根、乐根、忧根、喜根、舍根、信根、精进根、念根、定根、慧根、未知当知根、已知根、具知根。

⑨佛果：指大彻大悟，觉行圆满，为佛教修持的最高果位。

⑩正悟：谓契合佛教教义的觉悟。

⑪外道：指佛教之外其他宗教哲学派别，外道种类说法不一，主要指释迦牟尼在世时的六师外道和九十六种外道。六师外道代表人物及思想内容为：富兰那·迦叶，姓迦叶，从母得名富兰那，否认因果报应，认为万有不生不灭，其学说被称为无因无缘论。末伽梨·俱舍梨子，从母得名俱舍梨子，末伽梨是字，否认善恶果报，主张无有今世，亦无后世，无父无母，无天无化，无众生，被认为

是古印度邪命外道的创始人。删阇夜·毗罗胝子，从母得名毗罗胝子，删阇夜是字，其对果报说不作正面回答，认为道不须修，经八万劫自然而得，被认为是怀疑论者和不可知论者。阿耆多·翅舍钦婆罗，阿耆多是字，钦婆罗是所着粗敝衣名（意译为无胜发衣），认为人由四大（地、水、火、风）组成，死后复归四大，否认因果报应，但又认为人身有苦乐两方面，现受苦尽，乐法自出，被认为是古印度顺世论哲学的先驱。迦罗鸠驮·迦旃延，迦旃延是姓，从母得名迦罗鸠驮，认为无因无缘，众生染着；无因无缘，众生清净，一切众生有命之类，皆悉无力，不得自在。尼乾陀·若提子，若提子是从母得名，尼乾陀是出家之号，认为人所造业，必定得报，今虽修道，不能中断，被认为是耆那教始祖。九十六种外道，指从六师外道中分出的小的宗教学说派别。实际上，九十六是个概数，喻外道之多。

【白话】

善男子！一切众生由于本来就有的贪欲作用，进而发动了无明，于是就显现出了五种差别不等的种性。按两种障蔽，表现了深与浅不同程度的认识。有哪两种障蔽呢？一是理障，即妨碍障蔽产生正确认识的见解；二是事障，即仍然处在相续轮回生死的轮转之中。什么是五性差别呢？善男子！如果理障和事障两种障蔽都未能得以断除灭尽，便叫作没有成佛，为凡夫种性。如果诸众众生永远舍弃了贪欲，先去除了事障，但仍然没有断除理障，这就仍然还可以能够悟得进入声闻、缘觉境界，这便是声闻、缘觉二乘种性，不过不能够显现住于菩萨境界。

善男子！如果诸位菩萨及末世一切众生，想乘智慧之船在如来大觉悟海遨游，应当先发心愿，勤奋修行，断除理障和事障两种障蔽。这两种障蔽已经被制伏，就能得悟进入菩萨境界。如果事障和理障都已永远断除灭尽，就能马上进入如来微妙圆满觉悟的境界，满足了获得菩提正觉和大涅槃的愿望。这便是菩萨种性。

善男子！一切众生都应该去亲自证得圆满觉悟，碰见有德行和有学问的善知识，皈依他们作因地法行，这时的修习有顿悟和渐悟两种，如果走上了如来无上菩提的正确修行之路，那么不管他的器根是大是小，都能成就成佛的结果。这便是不定种性。如果诸众生有求得能帮助自己的善友的愿望，但却遇到了有偏邪之见的人，于是不能获得正确的觉悟，这便是外道种性。造成这种错误的原因，是因为不正确的老师的过错和谬误引起的，而不是众生的过错。以上宣说的即是众生五种性以及它们之间的差别。

【解说】

按佛教的基本教义，一切众生从本质上来看，皆可证得圆满的觉悟，皆可成就佛果。但从具体情况来分析，由于众生闻法不同，机缘不同，根器不同，发心不同，因此就会在修证成佛的可能性上有五种差别。这五种差别，即五性即如经文中所说，为凡夫性、声闻缘觉性、菩萨性、不定性、无性外道。凡夫性表现为理障事障蔽障，而起贪爱，使惑业不断，生死往返，此即为二障未断；二障未断，即不能成佛。声闻缘觉二乘，虽了我空，但不谙法空，也未离生死轮转，故不能显住菩萨境地。菩萨性者既了我空，又了法空，断灭了理障和事障，故能证得大乘。在此基础上若能做到二障永断，就可证得佛果，或证得大涅槃。对于那些不定性者，如有机缘特别好的，就可得无上菩提，成正修行路。而那些遇外道种性者，由于受教不同，根本就没有成佛的可能了。但这不是这些众生的过错，是未承正道的结果。

【原文】

善男子！菩萨惟以大悲方便，入诸世间①，开发②未悟，乃至示现种种形相③。逆顺境界④，与其同事⑤，化令成佛，皆以无始清净愿力。若诸末世一切众生，于大圆觉起增上心⑥，当发菩萨清净大愿⑦，应作是言：愿我今者，住佛圆觉，求善知识，莫值外道及与二乘⑧，依愿修行，渐断诸障，障尽愿满，便登解脱清净法殿⑨，证大圆觉妙庄严域⑩。

尔时世尊，欲重宣此义而说偈言：

弥勒汝当知，一切诸众生，不得大解脱，皆由贪欲故，堕落于生死。若能断憎爱，及与贪嗔痴，不因差别性，皆得成佛道，二障永消灭。求师得正悟，随顺菩萨愿，依止大涅槃，十方诸菩萨，皆以大悲愿，示现入生死。现在修行者，及末世众生，勤断诸爱见，便归大圆觉。

【注释】

① 诸世间："世间"，梵语意译，与"出世间"相对，"世"有"迁流"、"破坏"义，"间"为"中"义，合指世俗世界，包括有生灭烦恼的有性众生和它们所存在的周围环境。《成唯识论述记》卷一指出："言世间者，可毁坏故，有对治故，隐真理故，名之为世；堕世中故名为世间。"有情众生为"有情世间"，也称"众生世间"，其生存环境（山河大地等）为"国土世间"，也称"器世间"。构成前两者的"五蕴"为"五蕴世间"。这里的"诸世间"，指一切世间。

② 开发：即开示发明，亦即在世间启迪众生，使萌生正知正见，而不为邪知邪见所惑乱。

③ 种种形相：按佛教教义，菩萨依据不同教化对象，变现种种形相，而进行佛法的教化。如观世音菩萨，按《法华经·观世音菩萨普门品》载，其有三十三种身相，来度脱众生苦难。这三十三种身相为：佛身、辟支佛身、声闻声、梵王身、帝释身、自在天身、

大自在天身、天大将军身、毗沙门身、小王身、长者身、居士身、宰官身、婆罗门身、比丘身、比丘尼身、优婆塞身、优婆夷身、长者妇女身、居士妇女身、宰官妇女身、婆罗门妇女身、童男身、童女身、天身、龙身、夜叉身、乾闼婆身、阿修罗身、迦楼罗身、紧那罗身、摩睺罗伽身、执金刚神身。

④逆顺境界：谓菩萨观示种种身相，教化众生时，众生皆能向善，都能配合教化，此即为"顺境界"；若众生顽固，邪魔干扰，贪嗔痴三毒炽盛，此即为"逆境界"。

⑤与其同事："其"指受教化众生，"同事"则指菩萨以四摄心（布施摄、爱语摄、利行摄、同事摄）教化众生。

⑥增上心：谓向上努力求证圆觉的心，也就是菩提心。

⑦大愿：谓大的誓愿。

⑧二乘：指声闻、缘觉乘。

⑨法殿：谓佛法的殿堂。此处特指法身佛所处之寂光土。

⑩妙庄严域："妙"谓玄妙、奇妙。"庄严"乃佛教常见用语，意为使庄严、壮美、严肃、积善、累功等，具体含义较为复杂，分类也很多；庄严的境界有佛土或国土，也有人身；庄严的方式有：造寺、写经、布施、供养，对一切人普行恭敬，净心离染，行六度、三学等一切佛法，改造世界使之更美好，装饰、打扮；庄严的性质可分为两种，一是形象庄严，指可见可说的庄严；另一是第一义相庄严，即无有形相、以诸功德非严而严。"域"指地域，这里特指法身佛所处之寂光土。

【白话】

善男子！菩萨惟有以大慈大悲的方便之法，进入诸种世间开发没有获得觉悟的人，直到示现种种形象。或与境界相背，或与境界相顺迎合，和众生同时活动教化，以使众生成佛。这即是依据无始的清净愿力而行事。如果末世一切众生在大圆满觉悟的基础上再生起增上心，应当发菩萨清净的大愿力。应当做这样的想法：愿我今天住于佛的圆满觉悟境界，求到有帮助自己的善知识，不要碰到外道诸师和声闻、缘觉二乘道。再依靠大愿力修行，渐渐地断除诸种障蔽，直到障蔽断尽，愿力圆满，于是便可登上解脱清净的法殿，最后证得大圆满觉悟，进入美妙庄严的佛土。

世尊说完后，为再一次强调他所宣说的教法，于是又用偈语的方式总结道：

弥勒汝当知，一切诸众生，不得大解脱，皆由贪欲故，堕落于生死。若能断憎爱，及与贪嗔痴，不因差别性，皆得成佛道，二障永消灭。求师得正悟，随顺菩萨愿，依止大涅槃，十方诸菩萨，皆以大悲愿，示现入生死。现在修行者，及末世众生，勤断诸爱见，便归大圆觉。

【解说】

这段经文是回答上文弥勒菩萨代众生所问的第三个问题，即："回入尘劳，当设几种教化方便，度诸众生？"

佛祖释迦牟尼指出，菩萨在世间开示发明启迪众生，使众生萌生正知正见，而不为邪知邪见所惑乱，是依据不同的教化对象，随需要采取不同的态度，变现种种形相，深入不同的环境而教化方便的。菩萨既能教化那些皆能向善配合教化的众生，也能教化那些贪嗔痴三毒炽盛，有邪魔干扰的众生。佛祖释迦牟尼特别强调，菩萨以大愿心入诸世间开发未悟，众生也应该以大愿持心，积极上求菩提正觉。这就要先克服所知烦恼障蔽，悟入菩萨境界，而后再证得如来圆满觉悟，与佛相值，同处寂光土。

偈语是回答弥勒所问的总结，其中心思想为，指出爱欲为轮回根本，一切众生由本贪欲，发挥无明，显出五性差别不等，依事理二障而现深浅。应发大愿，求善知识，渐断诸障，而证大圆觉。

清净慧菩萨章

【原文】

于是清净慧菩萨在大众中，即从座起，顶礼佛足，右绕三匝，长跪叉手而白佛言：大悲世尊，为我等辈，广说①如是不思议事，本所不见，本所不闻。我等今者，蒙佛善诱，身心泰然，得大饶益②。愿为诸来一切法众，重宣法王③圆满觉性。一切众生，及诸菩萨，如来世尊，所证所得，云何差别？令末世众生，闻此圣教④，随顺开悟，渐次能入⑤。作是语已，五体投地，如是三请，终而复始。

尔时世尊，告清净慧菩萨言：善哉！善哉！善男子！汝等乃能为末世众生，请问如来⑥，渐次差别，汝当谛听，当为汝说。

【注释】

①广说：广泛地宣说。

②饶益："饶"，富足、多；"益"，利益、好处。"饶益"即很多的益处。

③法王：佛祖释迦牟尼的众多称号之一。在中国古代，法王被封建帝王用作对喇嘛教首领的封号，元世祖曾封藏语系佛教萨迦派首领八思巴为大宝法王，明朝又分别封噶举派、萨迦派、格鲁派的上层僧侣为大宝法王、大乘法王、大慈法王等。

④圣教：神圣的教法。

⑤渐次能入：谓逐渐地能够悟入。

⑥如来：佛祖释迦牟尼的十号之一，为梵语多陀阿伽陀（亦译答塔葛达、怛陀仪多）的意译。此处如来指佛所说的绝对真理，即真如，循此真如即可达到佛教所谓的觉悟。《大智度论》卷二十四说："如实道来，故名而来。"

【白话】

佛祖释迦牟尼宣说完偈语后，清净慧菩萨在大众中离座而起，他走到佛祖面前，用自己的头顶触摸佛祖的脚面，然后起身围着佛祖绕了三圈，又长跪在地，双手合掌对佛祖说：大慈大悲的世尊！您为我们与会的诸位菩萨和法众以及末世众生，广泛地宣说了如此不可思议的事情，这是我们过去从未见到过和听说过的。现在，我们能够承蒙佛祖您的善善诱导教诲，身心都泰然轻松，得到了很多很多的好处。为了一切来参加这次法会的大众，我祈愿您再一次宣说法王的圆满觉悟自性，一切众生和诸位菩萨，与如来世尊所证到和所得到的，有什么差别？以便使末世众生能够闻听这个神圣的教法，随顺开悟，一步一步地悟入那个境界。清净慧菩萨乞请完毕后，将五体投地，对佛祖再行礼拜，如是反复了三次，以表达他的虔诚之请。

清净慧菩萨乞请礼拜完毕后，佛世尊便开口对他说：善哉！善哉！善男子！你能为诸位菩萨和末世众生，询问求取如来的次序差别。现在，你们仔细听着，我将为你们宣说。

【解说】

清净慧菩萨为了一切众生的利益，乞请佛祖释迦牟尼再次宣说佛法，他问的问题是：众生、菩萨、佛世尊都有所证悟，但在这三者中间，所证所得有没有区别呢？这个问题实际上的内涵是：既然一切众生皆有圆觉妙性，这种圆觉妙性又是一味平等的，凡圣之间无有差别，那么，为什么发心修行的众生、菩萨及佛世尊之间会有从凡到圣的不同次位呢？

且看佛祖释迦牟尼如何作答。

【原文】

时清净慧菩萨，奉教欢喜，及诸大众，默然而听：

善男子！圆觉自性①，非性②、性有③，循诸性起④，无取⑤无证，于实相⑥中，实无菩萨及众生。何以故？菩萨众生皆是幻化，幻化灭故，无取证者。譬如眼根，不自见眼，性自平等，无平等者。众生迷倒，未能除灭一切幻化，于灭未灭，妄功用中⑦，便显差别。若得如来寂灭随顺，实无寂灭及寂灭者。

善男子！一切众生，从无始来，由妄想我及爱我者，曾不自知，念念生灭，故起憎爱，耽⑧著五欲⑨。若遇善友，教令开悟清净觉性，发明起灭，即知此生，性自劳虑⑩。若复有人劳虑永断，得法界⑪净，即彼净解，为自障碍，故于圆觉而不自在⑫，此名凡夫随顺觉性。

善男子！一切菩萨见解为碍，虽断解碍，犹住见觉⑬，觉碍为碍而不自在，此名菩萨未入地⑭者随顺觉性。

善男子！有照有觉⑮，俱名障碍，是故菩萨常觉不住，照与照者同时寂灭。譬如有人自断其首，首已断故无能断者。则以碍心自灭诸碍，碍已断灭，无灭碍者。修多罗教⑯如标月指，若复见月，了知所标毕竟非月。一切如来种种言说开示，菩萨亦复如是。此名菩萨已入地者随顺觉性。

【注释】

① 自性：梵语的意译，谓一切有为法（泛指一切处于相互联系、生灭变化中的现象，以生、住、异、灭为其特征），因缘所生，没有自己固定的性质。佛教谓自性皆是人的名言概念，强加于因缘法上，如幻如化，虚妄不实。

② 非性：犹言性无，因为圆觉妙性，清净本然，既无垢染，也没有任何修证的差别，不可以言说界定，故宁可称其为"非性"。

③ 性有：谓圆觉妙性，无感不应，无处不至，充塞世间一切有情，因而又不能断言无，故称其"性有"。

④ 循诸性起：谓圆觉自性，不待修证而起，随不同众生的不同情况，发用流行，体现为万殊之相，一切众生依其具体情况，各禀圆觉妙性，因此说"循诸性起"。

⑤ 取：执着、取著、追求、贪爱等，指众生对所对之境界的取著与追求。《大乘义章》卷五指出："取执境界，说明为取。"取在实际上亦即人们对事物与现象的认识。佛教认为一切事物与现象都是虚妄不真的，因而人们的认识只是一种世俗的贪著和妄见。如其教义中八苦之"五取蕴苦"的"取"即是人们对组成自身的色、受、想、行、识五要素的贪爱和固执的欲望，由此即会产生贪欲，从而就会导致痛苦。所以，有取即有妄，有妄即为之系缚，有缚即不能解脱，不得解脱即为凡夫。《涅槃经》卷十七指出："取著名为凡夫，一切凡夫取于色，乃至著识；以著色故，则生贪心；生贪心故，为色系缚，乃至为识之所系缚；以系缚故，则不得免生老病死忧悲大苦一切烦恼。是故取著名为凡夫。"取亦为佛教十二因缘之一，指由爱支（十二因缘之一，位于取之上，意为贪爱）现行引生的对外界的周遍驰求，执着不放，由此即可引生有（十二因缘之一，位于取之下），即思想行为。取的分类不一，从人们与对象之间的关系来讲，分为能取（主体）、所取（客体）；从取的对象来讲，分为欲取

（对色、声、香、味、触五妙境的贪求）、见取（执取各种非佛教的戒律）。此处取指对佛祖释迦牟尼宣说的佛法的固执，也是一种应予破除的妄见。

⑥实相：即真如、虚空。

⑦妄功用中：谓众生虽然在度生死大河，但自身又处于不清醒的幻灭未灭的境地，此乃执虚妄而用功，故称"妄功用中"。

⑧耽：非常注视的样子。

⑨五欲：亦称"五妙欲"、"五欲德"等，为追求色、声、香、味、触五境而起的五种情欲，《大智度论》卷十七指出："著五欲者，名为妙色、声、香、味、触。"五欲另又指财欲、色欲、饮食欲、名誉欲、睡眠欲。佛教把五欲看做是众生流转生死的直接原因。

⑩性自劳虑：谓众生人人自有圆觉净性，只是因为久迷自性，贪欲造业，一旦悟得圆觉妙性，即知"此生"以往一向执迷不悟，处于圆觉性中自劳自虑，自取烦恼，故称"性自劳虑"。

⑪法界：此处指意识所缘虑的对象，这些对象既包括感官直接感觉的对象，也包括思维理解的对象。

⑫不自在：不能随意相在。

⑬犹住见觉：谓仍然执着在见觉的障碍之中，不能更进。

⑭入地：谓进入菩萨修行的十地阶位。"十地"为梵语意译，亦译"十住"，指佛教修行过程中的十个阶位，通常有大乘菩萨十地和三乘十地。大乘菩萨十地，为菩萨修行的十个阶位。分别为：一、欢喜地（亦作极喜地、喜地），初证圣果，悟得我法二空，能益自己和他人，生大欢喜。二、离垢地（亦作无垢地、净地），远离能起任何犯戒之烦恼，使身心无垢清净。三、发光地（亦作明地、有光地），成就殊胜之禅定，发出智慧之光。四、焰胜地（亦作焰慧地、焰地），使慧性增盛。五、难胜地（亦作极难胜地），令俗智与真智合而相应，极难做到。六、现前地（亦作现在地、目见地），由缘起之智，引生无分别智，令最胜般若现前。七、远行地（亦作

深行地、深入地），住于无相行，远离世间二乘。八、不动地，无分别智，任运相续，不为一切事相烦恼所动。九、善慧地（亦作善哉意地、善根地），成就四无碍解，具足十力，触遍行十方说法。十、法云地，成就大法智，具足无边功德，法身如虚空，智慧如大云。据称此十地修行的内容分别是施、戒、忍、精进、静虑、般若、方便善巧、愿、力、智等十波罗蜜，能对治十障，证十真如。三乘十地，也称"共地"，指声闻、缘觉、菩萨共修的阶位，分别为：一、乾慧地（亦作过灭净地、寂然杂见现入地），相当于小乘佛教的三贤位（即五停心观、别相念处、总相念处，佛教修行的初级阶位），虽有智慧，但未得理水，故名乾慧。二、性地（亦作种性地、种地），相当于小乘佛教四善根位（煖法、顶法、忍法、世第一法），初步降伏了见惑思惑，始见法性之理。三、八人地（亦作第八地、八地），人即忍，相当于小乘佛教的见道十五心之位（已体认四谛十六心的八忍七智），达到了预流向位。四、见地（亦作见见地），至修道第十六心道类智，达到了预流果位，已断除三界见惑。五、薄地（亦作柔软地），已断除欲界九惑，断除诸烦恼，余气亦薄，达到了一来果位。六、离欲地（亦作离贪地、灭淫怒痴地），已全断欲界修惑，得不还果。七、已作地（亦称所办地、已办地），已得尽智、无生智，得阿罗汉果。八、辟支佛地，已观十二因缘法，成道名辟支佛。九、菩萨地，是大乘菩萨无数劫修六度万行之地。十、佛地，是菩萨修行得到的最后果位。

⑮有照有觉："照"，指所照之境；"觉"，指能照之智。

⑯修多罗教："修多罗"汉译为"经契"、"经典"。"修多罗教"谓佛祖释迦牟尼为教化众生所说的一切经教，泛指佛教义理学。

【白话】

清净慧菩萨听到佛祖释迦牟尼欲宣说法义，为能亲自得到佛祖的教诲，内心充满欢喜，其他与会的各位大众，也都鸦雀无声，默默地听佛祖开始说法：

善男子！圆满觉悟自性，不是指前面所说的那五种性，因为它普遍存在于众生之中，平等而无有差别，所以可称为"非性"；同时，它又能随缘而起，的确存在，所以可称为"性有"。但是，圆满觉悟自性无处可取，也无处可证，只能在虚空的实相真如中相遇。就此而言，它是平等无有差别的，实际上并没有菩萨圆满觉悟和众生圆满觉悟的区别。为什么呢？因为菩萨和众生都在本质上还是幻化之物，幻化一旦消灭了，菩萨众生都摆脱了轮回，也就不存在获取得证的程序，大家都是平等的了。譬如眼根，它不能返观眼睛自己的自性，因为眼根和眼睛的自性在本质上是平等的，在这一点上，就不会有平等的主体者。众生因为受到迷惑和认识产生了颠倒，不能自己消灭一切幻化的现象，自称自己得到了证灭，实际上并未证灭，在幻境虚妄中着意下功夫，于是便显示出了种种不同的差别。但是，如果能得到如来寂灭，随顺迎合于它，在实际上就不会有寂灭，也不会有能够寂灭的人。

善男子！一切众生从无始之际以来，都是由于执着于妄想有我及爱我为实体的原因，才使他们都不曾自知。众生有心就会有念想，念想不断生灭，因而就会引生起了憎恨爱恋，就会沉溺于色、声、香、味、触五种妙欲之中。如果有人遇到了能够帮助自己为善的善友，在他的教诲下，开悟自己本来就有的清净圆满觉悟的自性，内心生起光明，生起灭心，这样就会明白自己的一生中，所谓自性都是因为自己的身心劳役思虑的结果。如果有人再进一步执着地追求获取劳役思虑永远断灭，得到法界清净，那么他的这种清净的认识，实际上又是给自己设立的一种认识障碍。所以，即使执着圆满觉悟妙性亦不会随意自在。这被称为凡夫随顺迎合觉悟自性。

善男子！一切菩萨获得的清净见解，仍然是认识圆觉自性的障碍。他们虽然断除了见解的障碍，好像获得了觉悟，但他们仍然执住于所谓的觉悟之中,这样执住觉悟也是障碍,因而他们没有达到随意自在的境地。这被称为菩萨未入十地行随顺迎合觉悟自性。

善男子!有观照之境,并在观照之后能够觉悟,都可称为认识圆觉妙性的障碍。所以,真正的菩萨是经常觉悟但又不使心凝住一处,观照的主体和所观照的对象同时寂灭。例如,有人自己把头砍掉,头已断掉,既没有再能断头的主体,也没有再可以被断的头了。所以,以障碍心灭断自己的诸种障碍,障碍既被断灭,同时也就没有灭断障碍的主体了。修多罗经教好像用手指头去指月亮,如果人们看见了月亮,那么就知道用来指月亮的手指头毕竟不是月亮。一切如来用种种言说来开示菩萨就是用这样的方式和道理。这被称为菩萨已入十地行随顺迎合觉悟自性。

【解说】

在这段经文中,佛祖释迦牟尼向清净慧菩萨及与会的法众示显了圆觉妙性的三个阶位,即凡夫位,未入地菩萨位,已入地菩萨位。

为了更好地论述这三个阶位的缘由差别,佛祖释迦牟尼在开始时总论了圆觉妙性的自性特征。他指出,绝对地看,圆觉自性为"非性",即无性,因其清净本然,既无垢染,又没有任何修证的差别,不可以言说界定,一味平等,湛然不动,所以说它非性。但相对地看,它又无感不应,无处不至,充塞世间一切有情,因而又不能断言无,故又可称它"性有";既为性有,它则要不待修证而起,随不同众生的情况,发用流行,体现为万殊之相,一切众生又会依其具体不同情况,各禀圆觉妙性,由此便会在众生中示显出随顺圆觉妙性的不同阶位。这一论述,等于回答了清净慧菩萨所问的根本前提,即既是一味平等的,又有从凡到圣的差别。佛祖释迦牟尼还就圆觉妙性为何一味平等进行了深入论证。他指出:平等是本质的,也是绝对的,因为菩萨也罢,众生也罢,凡夫也罢,都是幻化之物,幻化一旦消灭，众生菩萨都脱摆了轮回，一旦摆脱轮回，就无所谓什么阶位了，大家都会平等了。这种平等，既无客观外境，也无主体存在，是湛然不动的，就是圆满觉悟的境地。

凡夫随顺迎合圆觉自性是根本不彻底的。这种人一旦有善友教诲，即能开悟自身原有的圆觉妙性，内心会生起光明，也会生起灭心，也能了解到自己一生的作为及自性，均是自己身心劳役思虑的结果。但是，他们一旦要执着地追求和获取劳役思虑也永远断灭，又等于给自己人为地设置了一个认识的障碍，这种障碍称为自障碍，因为它不是来自外部尘境，而是来自自己的心境，是自心生出的对清净界的念著。所以说凡夫随顺迎合了清净圆觉自性，但就此为止打住，是根本不彻底的。

未入十地行菩萨随顺迎合清净圆觉自性，也是不彻底的。因为这些菩萨能明了自心障碍是妨碍完全随顺圆觉自性的拦路虎，便要断除它，不著守它，因而可以断灭见解障碍，这也是有所觉悟的成就。但是，这些菩萨自以为这便是觉悟，又去执住这种觉悟，不能更进，使之也成为障碍。这种菩萨有上求菩提正觉的愿力，但又拘泥在能观之智中，缺乏下化众生的能力，因而称其为随顺迎合觉悟自性不彻底。

能成功地随顺迎合圆觉自性，是入十地行的菩萨。这种菩萨所以能够圆满觉悟，就是因为他们能够"常觉不位，照与照者，同时寂灭"。在未入十地行菩萨中，能观之智也是障碍，也有待于抛弃；对于已入十地行菩萨，他们已证平等真如，以即理之智，还照于理，理智冥符，好像宝珠有光又还照宝珠一样，心境同显，心境同灭。因此，他们不生著心，照而非照；又不著照功，能照所照契合如一。进而便是"碍已断灭，无灭碍者"，即外境内智俱灭，主体客体双亡，惟剩一个寂灭的真实之境了。这个真实之境，便是清净圆觉妙境。

需要进一步说明的是佛祖释迦牟尼在这段经文中，明确指出了佛教经籍所承载的义理学也是方便。他指出经教不是目的，而是手段，犹如以手指月，目的不是显示手指，而是借助手指将月光引向月亮。从其中我们可以发现佛祖释迦牟尼为能开示众生，所用之心甚为良苦。所以这样的根本目的，是要求广大信众不要被经契所执。在这个意义上，经契也是一种障碍，要做到能观所观俱灭，这也符合佛祖阐述上述教法的理论逻辑。

【原文】

善男子！一切障碍，即究竟觉①。得念失念，无非解脱；成法破法，皆名涅槃；智慧愚痴，通为般若②；菩萨外道所成就法，同是菩提；无明真如，无异境界；诸戒定③慧④及淫怒⑤痴，俱是梵行⑥；众生国土⑦，同一法性；地狱天宫，皆为净土⑧；有性无性，齐成佛道；一切烦恼，毕竟解脱。法界海慧，照了诸相，犹如虚空。此名如来随顺觉性。

善男子！但诸菩萨及末世众生，居一切时⑨不起妄念，于诸妄心亦不息灭，住妄想境不加了知，于无了知不辨真实，彼诸众生闻是法门，信解受持不生惊畏，是则名为随顺觉性。

善男子！汝等当知，如是众生，已曾供养⑩，百千万亿恒河沙诸佛及大菩萨，植众德本，佛说是人，成就一切种智⑪。

尔时世尊，欲重宣此义而说偈言：

清净慧当知，圆满菩提性，无取亦无证，无菩萨众生。觉与未觉时，渐次有差别，众生为解碍，菩萨未离觉。入地永寂灭，不住一切相，大觉悉圆满，名为遍随顺。末世诸众生，心不生虚妄，佛说如是人，现世即菩萨。供养恒沙佛，功德已圆满，虽有多方便，皆名随顺智。

【注释】

① 究竟觉：谓究竟圆满觉悟。从此来看，真幻、烦恼与菩提等都是无二无别的，同归于本性本心的圆觉。

② 般若：梵语音译，亦译作"波若"、"钵罗若"等，意译为"智慧"、"智"、"慧"、"明"等；全称"般若波罗蜜多"，旧译"智度"、"明度"等。谓通过智慧达到涅槃之彼岸，《大智度论》卷一百指出："般若波罗蜜多是诸佛母，诸佛以法为师，法者即是般若波罗蜜多"。此智慧非世俗之人之所有，乃是成佛所需的特殊认识，其主要特点，在用以观察诸法实相，基本理论为缘起性空，以为世界一切事物，均为因缘所生，故无固定不变之自性；世俗认识及其面对的对象，虚幻不实；惟有般若能超越世俗认识，把握诸法真如实际。因此，般若智慧之获得，惟有通过对世俗认识否定才有可能。《肇论·般若无知论》指出："般若无所知，无所见。"佛教又认为，这种智慧若不采用世俗认识所能够接受的方式，又无法宣传群众，因此要表达般若之内容，主要采取破除世俗认识的否定方法，如"无生无灭"、"无住无得"、"无相无想"等等。与此同时，也承认深入世俗社会，运用社会世俗认识手段（称为方便）的必要性，并以此与"性空"一起，构成为般若两个组成部分。在中国佛教史上，一般把对"般若"义理研究称之为般若学。

③ 定：佛教三学之一，音译为"三摩地"、"三昧"，谓心专注一境而不散乱的精神状态，为取得确定之认识，做出确定之判断的心理条件。作为定学，分为二，一为生定，即人们与生俱有的一种精神功能；二为修定，指为获得佛教智慧或功德、神通而修习所生者；定往往与禅连称，成为含义广泛的禅定。

④ 慧：梵语意译，指通达事理、决断疑念取得决断性认识的那种精神作用。《俱舍论》卷四指出："慧谓于法能有简择。"《大乘广五蕴论》指出："云何慧？谓即于彼择法为性，……断疑为业，慧能简择，于诸法中，得决定故。"有时亦指佛教智慧。慧学为佛教三学之一。

⑤恕：用自己的心去推想别人的心。

⑥梵行："梵"意为"清净"、"寂静"、"离欲"，"梵行"谓清净离欲之行。

⑦国土：此处"国土"指器世界。

⑧净土：为大乘佛教传说的佛所居住的世界，亦称"净刹"、"净界"、"净国"、"佛国"，与世俗众生居住的世间所谓"秽土"、"秽国"相对。据说佛有无数，故净土也无数。如《法华经》讲灵山净土，《华严经》讲莲华藏世界，《大乘密严经》讲密严净土等；影响较大的是《无量寿经》等所传的阿弥陀佛西方净土（也称西方极乐世界），称众生信仰阿弥陀佛并念此佛名号，死后即可往生该处；佛教又以众生居住的娑婆世界为中心，说还有其他净土，如阿閦佛的东方喜妙世界、药师佛的东方净琉璃世界等。在大乘佛教的另外一些教义中，反对在世界之外另建净土，如《维摩经》指出："若菩萨欲得净土，当净其心，随其心净，则佛土净。"谓只要内心觉悟，所居之地即为净土。在中国佛教众多派别中，有依《无量寿经》、《阿弥陀经》等，并称死后向往西方净土的净土宗。

⑨一切时：谓任何时、全部时。

⑩供养：亦作"供施"、"供给"等，一般指以香花、灯明、饮食、衣服等供佛、菩萨及亡灵，也指斋供僧尼。《增一阿含经》卷十三指出："国土人民，四事供养：衣被、饮食、床卧具、病瘦医药，无所渴乏。"《法华经》也指出："华香、璎珞、末香、涂香、烧香、缯盖、幢幡、衣服、肴馔，作诸伎乐，人中上供之供养之。"通常以物供养称财供养，讲经说法称法供养。

⑪一切种智：佛教智慧的一种，即根本智。有时特指用佛教义理对具体现象个性之认识，《大乘起信论义记》卷六指出："以无明尽故，显照诸法，名一切种智。"《大智度论》卷二十七指出："别相是一切种智"，"一切种智，观种种法门，破诸无明。"有时亦作为对共性和个性的综合认识，又指出："佛尽知诸法总相、别相故，名为

一切种智。"《大品般若经·三慧品》指出："一相故名一切种智,谓一切法之寂灭相;复次,佛如实知诸法行类相貌,为显示故说为名字,以是故名一切种智。"即既把握一切现象之空性本质,又了解每一人、物、事等诸种因果、体性、作用、善恶等,达到了所谓无所不知的认识。

【白话】

善男子!一切障碍即是究竟觉悟。得到念想和失去念想,无非都是解脱而已;成就佛法和破坏佛法,同样都是涅槃;智慧也罢,愚痴也罢,通通都为般若;菩萨与外道诸师取得不同的成就,均可认为是菩提觉悟;无明和真如相比较,二者没有不同的境界。诸种戒定慧和淫怒痴,都是清净离欲的梵行活动;众生有情世界和国土器世界不同,但都处在同一究竟佛法法性之内;地狱和天宫,又都是娑婆净土;有成佛之性者和无成佛之性者,最终会一齐成就佛道;一切烦恼诸障,都是毕竟解脱。真如法界智慧是广深不可测的法界大海,它映照分别诸种事物现象,都和虚空一样。这被称为如来随顺迎合觉悟自性。

善男子!但愿诸位菩萨和末世一切众生,安心居于任何时候都不要生起妄念,对诸种妄见之心,不要主动去寻求息灭它的思维和办法,安心居住于妄想的境界,不去刻意去认识它们、分别它们,不去认识不去分别就不会去辨别其是否真实。你们诸位菩萨和与会法众,听我宣说这种法门,相信它、理解它、受持它,就不会生出惊恐畏惧之心。这即是被命名的随顺迎合觉悟自性。

善男子!你们应当知道,那些能随顺迎合觉悟自性的众生,已曾供养了和恒河沙粒数一样多的百千万亿诸佛,培植了众多的佛德本性。佛说凡这种人即是成就了一切种智,即已经成佛。

佛世尊宣说完后,为了进一步强调自己所宣说的教法,于是又用偈语总结道：

　　清净慧当知，圆满菩提性，无取亦无证，无菩萨众生。觉与未觉时，渐次有差别，众生为解碍，菩萨未离觉。入地永寂灭，不住一切相，大觉悉圆满，名为遍随顺。末世诸众生，心不生虚妄，佛说如是人，现世即菩萨。供养恒河佛，功德已圆满，虽有多方便，皆名随顺智。

【解说】

　　从方便的角度，也就是相对的角度，佛祖释迦牟尼为回答清净慧菩萨所问，设立了随顺迎合觉悟自性的三个阶位，即凡夫位、未入地菩萨位和入地菩萨位。但从圆觉妙性的绝对性来看，即圆觉究竟来看，真与幻、烦恼与菩提、世法与涅槃都是无二无别的。为说明这一观点，佛祖释迦牟尼在本段经文中列出了十大类的相对待者，目的在于指引众生一定要达本性本心，同归于圆觉，只有达到泯灭真妄、虚实、染净、智愚的差别，才能证得无明无性的诸法无异境界。怎样才能达到这种境界呢？总的来说，要靠复归一真法界。一真法界即如来法界、真如法界，一真法界迷，就会幻生十法界，以至百千万亿法界，大乘菩萨若要证得佛果，便要复归无染净、无动静、无分别的一真法界；同时，一真法界又是智慧之海，此海无所不慑，无所不照，无相不显，一切有形相者尽显其中，但此海所照所摄所显，在本质上都是虚空。复归一真法界，具体来说就是要安居于任何时不起妄念，即便有了妄见，也不要去刻意地分别认识它们，要随顺境界，随顺境心，既不执自障，也不执见障和觉障，不辨幻现境界的真伪，这便是随顺迎合觉悟自性的方便法门，能得此者，即备一切种智，也即成就了佛果。这一方便法门，在一定意义上是大乘佛教提倡的圆顿。圆顿菩萨众生，他们的一言一行都是自然符合于无分别的根本大道，在豁然中能够开悟而得到成就佛果的境界。

威德自在菩萨章

【原文】

于是威德自在菩萨，在大众中即从座起，顶礼佛足，右绕三匝，长跪叉手而白佛言：大悲世尊！广为我等，分别如是^①随顺觉性。今诸菩萨觉心光明，承佛圆音^②，不因修习而得善利。世尊！譬如大城，外有四门，随方^③来者，非止一路。一切菩萨，庄严佛国^④及成菩提，非一方便。惟愿世尊，广为我等宣说一切方便渐次，并修行人，总有几种？令此会菩萨及末世众生，求大乘者速得开悟，游戏^⑤如来大寂灭海。作此语已，五体投地，如是三请，终而复始。

尔时世尊，告威德自在菩萨言：善哉！善哉！善男子！汝等乃能为诸菩萨及末世众生，问于如来方便。汝今谛听，当为汝说。

时威德自在菩萨，奉教欢喜，及诸大众，默然而听：

善男子！无上妙觉^⑥，遍诸十方，出生如来，与一切法同体平等，于诸修行实有无二。方便随顺，其数无量，圆摄所归，循性差别，当有三种。

【注释】

① 如是：意谓像那样……的，指佛祖释迦牟尼在上文中所宣说的那些随顺迎合圆觉自性的教法。

②圆音：圆满的声音。赞誉佛祖释迦牟尼所说教法的圆满。

③随方：依照着各个方向、从各个方向。

④佛国：谓佛所住的国土，亦称佛世界、佛土。佛教认为宇宙间有无数个世界，每一世界都有一佛教化众生。佛土（佛国）的分类较多。一、两种佛土。一是真土，即真佛住处，也称之为真佛土；二是应土，即应身佛的住处，也称之为方便化身土。二、三种佛土。一是法性土，为法性身之住处；二是受用土，为受用身的住处；三是变化土，为变化身之住处。三、四种佛土。一是法性土，自性身之处，为无色无相之理土；二是自受用土，自受用身之处，为实佛自托之报土；三是他受用土，他受用身之处，为对于初地以上菩萨示现之净土；四是变化土，变化身之处，为示现于地前菩萨及二乘、凡夫之佛土。中国佛教不同宗派对佛土的划分多不尽相同。

⑤游戏：畅游嬉戏，谓达到了自在的程度。

⑥无上妙觉：即圆觉妙性，亦即如来藏，作为本体，它无所不赅，圆满充足，发用流行，随一切缘，生出如来诸佛和愚迷众生。故下文有"遍诸十方，出生如来"。

【白话】

佛祖释迦牟尼宣说完偈语后，威德自在菩萨即从大众中离座而起，他走到佛祖面前，用自己的头顶触摸佛祖的脚面，然后起身围着佛祖绕了三圈，又长跪在地，双手合掌对佛祖说：大慈大悲的世尊！您为我们广泛地解说和使我们区别认识了这种随顺觉悟自性，也使诸位菩萨的觉悟心充满光明，承受领会了佛所发出的圆满的声音，从而使众生没有凭借佛修行活动就追求到了善利。世尊！譬如大城市的城墙上有四个门，各个方向来城里的人不仅仅是从一条路来的。所以，一切所有的菩萨能够庄严佛国、成就菩提觉悟，也不仅仅是依靠一种方便法门。惟愿大慈大悲的世尊，能为我们广泛宣说一切方便顺序，以及修行的人按几种方便法门来修行？以便使参加这次法会的菩萨和末世众生、追求大乘果位的所有的人，迅速获得开悟，自由地遨游于如来大寂灭海中。威德自在菩萨乞请完毕后，将五体投地，对佛祖再行礼拜，如是反复了三次，以表示他的虔诚之请。

威德自在菩萨乞请礼拜完毕后，佛世尊便开口对他说：善哉！善哉！善男子！你能为诸位菩萨和末世众生，询问如来方便法门。现在，你们仔细听着，我将开始为你们解说。

威德自在菩萨听佛祖说完后，为能亲自得到佛祖的教诲，内心充满了欢喜，与会其他各位菩萨和与会大众，也都鸦雀无声，默默地听佛祖开始说法：

善男子！无上玄妙的圆满觉悟，遍及一切处，生出如来和一切事物，在成佛的体性方面，都是处在平等的地位，在诸种修行中，终极的道路只有一条而没有第二条。如果从方便随顺的角度来看，又有无数条道路可行。圆满地尽摄所有的归宿，遵循觉悟自性的差别，应当有三种不同的修行情况。

【解说】

威德自在菩萨所问即是有几种方便法门，可使众生成就圆满觉悟。为了能圆满地回答这个问题，佛祖释迦牟尼仍然从无上妙觉和随顺方便两个角度，对这个问题进行了总体上的论述。按无上妙觉的角度来说，当是"自古华山一条路"，此路即上文佛祖释迦牟尼指出的圆顿；从随顺方便的角度来说，当为"条条大路通罗马"，有无数条路，可以随众生不同根心，有不同的方便法，但归纳起来，主要有三。

【原文】

善男子！若诸菩萨，悟净圆觉①。以净觉心②，取静③为行，由澄④诸念，觉识烦⑤动，静慧发生，身心客尘，从此永灭，便能内发寂静轻安。由寂静故，十方世界，诸如来心于中显现，如镜中像。此方便者，名奢摩他⑥。

善男子！若诸菩萨，悟净圆觉。以净觉心，知觉心性及与根尘，皆因幻化，即起诸幻⑦，以除幻者⑧，变化诸幻而开幻众。便能内发大悲轻安。一切菩萨从此起行渐次增进，彼观幻者，非同幻故。非同幻观，皆是幻故，幻相永离。是诸菩萨所圆妙行，如土长苗。此方便者，名三摩钵提⑨。

善男子！若诸菩萨，悟净圆觉。以净觉心，不取幻化，及诸静相，了知身心皆为罣碍⑩，无知觉明，不依诸碍，永得超过，碍无碍境。受用世界⑪及与身心，相在尘域，如器中锽⑫，声出于外。烦恼涅槃，不相留碍。便能内发寂灭轻安，妙觉随顺寂灭境界，自他身心所不能及，众生寿命皆为浮想⑬。此方便者，名为禅那⑭。

善男子！此三法门皆是圆觉，亲近随顺十方如来，因此成佛；十方菩萨种种方便，一切同异，皆依如是三种事业，若得圆证⑮即成圆觉。

善男子！假使有人修于圣道，教化成就百千万亿阿罗汉⑯辟支佛⑰果，不如有人闻此圆觉无碍法门，一刹那⑱顷随顺修习。

尔时世尊，欲重宣此义，而说偈言：

威德汝当知，无上大觉心，本际无二相。随顺诸方便，其数即无量；如来总开示，便有三种类。寂静奢摩他，如镜照诸像；如幻三摩提，如苗渐增长；禅那惟寂灭，如彼器中锽。三种妙法门，皆是觉随顺。十方诸如来，及诸大菩萨，因此得成道，三事圆证故，名究竟涅槃。

【注释】

① 悟净圆觉：谓证悟清净圆觉妙性。

② 以净觉心：谓依据清净圆觉真心。

③ 取静：求取寂静。圆觉性不生不灭，为契合此不生不灭，应修静观，使心中澄明，而不起妄念，故称"取静"。

④ 澄：澄清、澄明。

⑤ 烦：乱扰。

⑥ 奢摩他：即三摩地、三昧，定义。

⑦ 即起诸幻："诸幻"在这里主要指幻智，从根本上说，除幻的智慧也是无自性的，不实在的。"即起诸幻"谓生起除幻的诸种智慧。

⑧ 以除幻者："幻者"在这里指根本无明，谓断除根本无明。

⑨ 三摩钵提：梵语音译，为禅定之一种，比三摩地更为深沉，是起幻智除断根本无明的方便观法。

⑩ 罣碍："罣"音卦，"罣碍"意为凡心因迷成障，未能悟脱。《般若波罗蜜多心经》指出："菩提萨埵依般若波罗蜜多故，心无罣碍；无罣碍故，无有恐怖。"

⑪ 受用世界：指佛受用土。

⑫ 锽：钟。

⑬ 浮想：犹言幻心。

⑭ 禅那：梵语音译，或略称"禅"，意译为"静虑"、"思维修"、"弃恶"、"功德丛林"等。谓心注一境正审思虑。《俱舍论》卷二指出："依何义故立静虑名？由此寂静能审虑故，审虑即实了知义。"《瑜迦师地论》卷三十二亦指出："言静虑者，于一所缘，系念寂静，正审思虑，故名静虑。"佛教认为禅那修行可以使心绪宁静专注，便于深入思虑义理，故又称禅那为善性摄一境性。按修习层次，禅那共分四种，称为"四禅"或"四静虑"，分别为：初禅、二禅、三禅、四禅，据称修习四禅可死后升于色界四禅天。中国佛教习惯上把禅

与定并称为禅定，含义较广。《禅源诸诠集都序》将禅那作定慧解释，并转义为禅宗之禅。

⑮圆证：圆满证得。

⑯阿罗汉：梵语音译，亦译"阿罗诃"，略称"罗汉"，为小乘佛教四种修行果位中的第四位，亦即最高果位。指断尽欲界、色界、无色界三界见惑修惑所达到的果位，因其已至修学的顶端，故被小乘佛教称为无极果。具体含义有三：一为杀贼，意即断尽一切见修二惑，杀尽一切烦恼之贼；二为应供，意即获得极果，应受天、人的供应；三是不生，意即一世之果报永尽，恒入涅槃，不再轮回转生于三界之内。此处阿罗汉泛指小乘佛教果位。

⑰辟支佛：即缘觉。此处辟支佛泛指声闻缘觉二乘。

⑱一刹那："刹那"，梵语意译，亦译"一念"、"须臾"，意译为"乞沙拿"，为佛教用以表示最短时间的单位。一刹那有多少量呢？据《俱舍论》卷十二："何等名为一刹那量？众缘和合去得自体顷，或有动法行度一极微，……如壮士一疾弹指顷，六十五刹那。"即一弹指间有六十五刹那。

【白话】

善男子！如果诸位菩萨，获得了悟入清净圆满觉悟，以清净圆满觉悟心为指导，求取寂静作为修行，开始则澄清诸种妄想的念想，清净圆满觉悟的心识被搅动。因而在寂静中产生出智慧，就会感觉到身体本身以及所谓的心识，都是外在世界的尘境，因清净觉悟心的作用，这些尘境就会永远断灭。至此，寂静修行的菩萨便能由内心发出一种寂静轻安舒适流畅的感觉。由于这种寂静存在的缘故，就会使十方世界乃至如来心在自己内心显现，和镜中的影像一样。行使了这种方便法门，被称为奢摩他，意思为止。

善男子！如果诸位菩萨，获得了悟入清净圆满觉悟，以清净圆满觉悟心进行思维，了知觉悟心自性及其与根、尘都是因为幻化的原因而生出的幻境。当知如此便又生起诸种幻智，用这种幻智来断除根本无明，并用各种变化了的诸幻化现象来开导处于幻觉中的众生。由于以幻智灭除无明和开示幻众，自己便会感觉到在身心内部发出了一种大慈大悲轻安顺畅的感觉。一切菩萨都是从这种幻化的感觉中而起，渐渐深入修行不断增进。你们若能观察到这种幻化，已不是原来的那种幻化了；但是，虽不是同一种幻观，仍然也是幻化。所以，要远离幻相，是诸位菩萨所修的圆满玄妙行为，这就像大地中生长出了禾苗一样。行使这种方便法门，被称为三摩钵提，意思为定。

善男子！如果诸位菩萨，获得了悟入清净圆满觉悟，以清净圆满觉悟心进行思维，而不摄取诸种幻相和清净寂静心相，彻底明白身心都是凡心因迷成障未能悟脱，除此之外无知则觉悟就会明察，不再依据这些迷障异引思维，就会永远超越障碍，进入虽碍无碍的境界。这样，就可以随意于佛受用土及自己的身心中，觉意运行而不会有任何障碍。尽管心相及身相仍留在原来的尘境中，但就和器物之中的钟一样，声音可以传向外边。同样道理，烦恼和涅槃在这个意义上，也不再会相互留在尘境的障碍之中。按此修行，便会感到自己体内发出寂灭顺畅轻安的感觉，也就会进入玄妙觉悟随顺迎合寂灭的境界，这种感觉只有自己知道，他人所不能及，最后还会有众生寿命都是浮游幻物的想法。行使这种方便法门，被称为禅那，就是静虑正审的意思。

善男子！以上所宣说的三种方便法门都是圆满觉悟，你们依此亲近随顺迎合十方如来，因此能够获得成佛的境果。十方菩萨行使种种方便法门，一切相同或不相同的修行方便，都是依据上述三种法门，如果得到了圆满证得，即是得到了清净圆满觉悟。

善男子！假使有人要修持神圣的道法，要教化成就百千万亿阿罗汉式的小乘果位和辟支佛式的二乘果位，还不如闻听这种圆满觉悟的无碍法门，闻听此法门后，可以在一刹那之间就随顺迎合圆满觉悟的修行而获得觉悟。

佛世尊宣说完后，为了再次强调他的教法，于是又用偈语的形式总结道：

威德汝当知，无上大觉心，本际无二相。随顺诸方便，其数即无量；如来总开示，便有三种类。寂静奢摩他，如镜照诸像；如幻三摩提，如苗渐增长；禅那惟寂灭，如彼器中锽。三种妙法门，皆是觉随顺。十方诸如来，及诸大菩萨，因此得成道，三事圆证故，名究竟涅槃。

【解说】

本节经文为佛祖释迦牟尼向威德自在菩萨等示说修行的方便法门。佛祖指出，依着众生的根性差别，共有三种不同的方便，一为奢摩他，二为三摩钵提，三为禅那，此三法门若得圆证，即成就圆满觉悟。

佛祖指出，圆觉妙心为观行之本，是修证观求成佛的根本因。圆觉不生不灭，为了使修证者能契合这种不生不灭的自性，就应该使修证者修静观，使心中澄明，不起妄念；然后，再依据所悟的真净觉心，起观返照，消除诸念和觉识的搅动。这便是取静为修，能得到静慧，而使内心轻安愉快。这种修行按要求，还须居处静室和安处徒众等，佛祖释迦牟尼在前面经文中已有所宣说，亦即三昧或三摩地方便法门。

比三摩地更为深沉的起幻而除幻的方便观法即是三摩钵提。佛祖释迦牟尼指出，众生若依真净圆觉妙心发起智慧，来观照心识，就会发现根境都是幻化，知道一切莫非无明受扰动才出现，没有自性惟有寂空。但是，从根本上看，这种认识幻化的智慧也是无自性的，也是不实在的，也是一种幻化。当然，起此幻才能灭彼幻，故称起幻灭幻。起幻灭的目的又何在呢？这也是一种方便，目的是在唤起修证菩萨的悲心，用来普度众生。因此，逐渐修行生幻智除幻化还是必要的。尽管有这种必要，修行菩萨仍应明白作为能观的真智慧是又幻又不幻的，言其不幻，因为它能破无明幻现之境，境尘灭而真智犹存；言其仍为幻，因为所知之智和所破之境都会如幻而灭，能知的智慧也就因幻境被灭而相待不存了。这便是比三摩地更为沉深的起幻灭幻的方便观法。

第三种方便法门的根本特性即是不取幻化及诸静相，即平等不差地观待有无空幻。即不取幻化，也不取静相，是知空而不滞于空。这一境界是了知身心皆为罣碍，了悟了本有的圆觉妙心。这种了悟不是灰身灭智，而是一种认识上的超越，身心仍然存在受用。认识上一经超越，就会返观身心，和愚痴众生的身心观有了本质上的差别。如此证得了圆觉妙心，虽仍居于六尘界中，但已不受局限了，就像器物中的铜钟一样，其洪亮的声音可不受器物限制而传布天下。可见，证得圆觉本心的人，无论烦恼还是涅槃都不复能局限他了。

上述三种方便，即是所谓的因地修行三观。若以华严宗的义理来分析，第一观以净觉心取静为行，可以于理无碍；第二观以净觉心起诸幻化，可以达于事无碍；第三观以净觉心永超罣碍无碍境，同时受用身心世界，是理事无碍、事事无碍的境界。

辩音菩萨章

【原文】

于是辩音菩萨在大众中,即从座起,顶礼佛足,右绕三匝,长跪叉手而白佛言:大悲世尊,如是法门①,甚为希有。世尊,此诸方便,一切菩萨,于圆觉门②,有几修行?愿为大众及末世众生,方便开示,令悟实相。作是语已,五体投地,如是三请,终而复始。

尔时世尊,告辩音菩萨言:善哉!善哉!善男子!汝等乃能为诸大众及末世众生,问于如来如是修习。汝今谛听,当为汝说。

时辩音菩萨,奉教欢喜,及诸大众,默然而听:

善男子!一切如来,圆觉清净,本无修习及修习者③。一切菩萨及末世众生,依于未觉幻力修行④。尔时便有二十五种清净⑤定⑥轮⑦。

若诸菩萨,惟取极静⑧,由静力⑨故,永断烦恼,究竟成就⑩,不起于座⑪,便入涅槃。此菩萨者,名单修奢摩他。

若诸菩萨,惟观如幻⑫,以佛力⑬故,变化世界⑭,种种作用⑮,备行菩萨清净妙行,于陀罗尼⑯,不失寂念,及诸静慧⑰。此菩萨者,名单修三摩钵提。

若诸菩萨,惟灭诸幻⑱,不取作用,独断烦恼,烦恼断尽,便证实相。此菩萨者,名单修禅那。

【注释】

① 如是法门：指佛祖释迦牟尼在上文宣说的因地修行三观。

② 圆觉门：即清净圆满觉悟的方便法门。

③ 本无修习及修习者：谓一切众生本性上与佛无异，本有清净圆觉，这是先天就具备的。从这个角度来看，自然就没有修习和修习者的分别，因此说"本无修习及修习者"。

④ 依于未觉幻力修行：谓圆觉妙心有待显发，此乃众生修习的初步依据；同时，最终要证得圆觉妙心，还须以幻除幻，这又是众生修习的方式，因此才说"依于未觉幻力修行"。

⑤ 清净：指修此方便法门能产生利益功用。

⑥ 定：指禅定，即三昧、三摩地。

⑦ 轮：喻指能碾碎烦恼，能运载度过。《止观辅行传弘决》指出："轮具二认，一者转义，二摧振义，以四谛（苦、集、灭、道）轮转度与他，摧破结惑，如王轮宝，能坏能安。法轮亦尔，坏烦恼怨，安住谛理。""轮"有时也作为佛法的喻指，称为"法轮"。

⑧ 惟取极静：谓只以奢摩他（三摩地）寂静之行为切要。

⑨ 静力：谓由行奢摩他（三摩地）而产生的一种寂静慧力。

⑩ 究竟成就：谓终有修行之成就。

⑪ 不起于座：因三摩地行为静室的坐视，由此产生了寂静慧力，终可有成就，此乃不离座即可获得，故称"不起于座"。

⑫ 惟观如幻：谓只以诸法如幻观为所修内容。

⑬ 佛力：谓按诸法如幻观修习，就会产生和佛一样的力量。

⑭ 变化世界：谓由此修习，即可在内心中发起种种变化世界。

⑮ 种种作用：谓由此修习，产生了和佛一样的力，能发起种种变化世界，亦能有种种作用。

⑯ 陀罗尼：此处陀罗尼即指圆觉妙性。

⑰ 静慧：由修三摩钵提而产生的寂静智慧。

⑱ 惟灭诸幻：谓修禅那以灭掉诸种幻化为目的。

【白话】

佛祖释迦牟尼宣说完毕偈语后,辩音菩萨在大众中离座而起,他走到佛祖面前,用自己的头顶触摸佛祖的脚面,然后起立右转,围着佛祖绕了三圈,又长跪在地双手合掌对佛祖说:大慈大悲的世尊!您刚才所说的方便法门,真是世上少有。世尊!这些方便法门,对一切欲修菩萨者来说,在圆满觉悟的法门中,共有几种修习的方法?祈愿佛祖您为与会的菩萨和大众,以及末世众生,具体地方便开示,从而使他们能够悟到空的实相。辩音菩萨乞请完毕后,将五体投地,对佛祖再行礼拜,如是反复了三次,以表达他的虔诚之请。

辩音菩萨乞请礼拜完毕后,佛世尊便开口对他说道:善哉!善哉!善男子!你能为诸位菩萨大众及末世众生,咨询如来的修行。现在,你仔细听,我将为你们宣说。

辩音菩萨听佛祖将要说法,为能获得佛祖的亲自教诲,内心充满喜悦之情,与会的诸位菩萨和大众,也都鸦雀无声,默默地开始听佛祖说法:

善男子!一切如来的圆满觉悟清净法门,本来是没有修习和修习的人这样的区别。但是,由于一切菩萨和末世众生,都依靠的是未得觉悟的幻化之力来修行,这样一来便有了二十五种清净定的展转轮摧惑念的方便法门。

如果诸位菩萨,只取高度寂静的观法,由于寂静产生出了慧力,就会永远断除烦恼,最终定有成就。这样,不用离开自己修习寂静观法的坐垫,便会进入到涅槃境界。这种菩萨的修习方法,被称为单修奢摩他。

如果诸位菩萨,只取观察万事如同幻化的观法,由这种观法而产生的犹如佛的力量,发起种种变化世界和种种作用,在此基础上再彻底地修习菩萨妙行,依靠清净圆觉妙性而不会失去得到的寂静念想和种种寂静智慧。这种菩萨的修行方法,被称为单修三摩钵提。

如果诸位菩萨，只取以灭掉诸种幻化为目的的观法，不再使用其他任何方法的作用，也能够独自断除烦恼；烦恼一旦断除尽了，也就能够证得空的实相。这种菩萨的修习方法，被称为单修禅那。

【解说】

佛祖释迦牟尼在上面经文中宣说了因地修行三观，为三种方便法门，可以证得圆觉妙心。但是，这三种方便法门在与会的菩萨大众看来，仍然是不够方便。为此，辩音菩萨为众生利益，恳请佛世尊再行开示，在菩萨修习求证圆觉的事业上，总共有多少种修行途径和习修之法。

从方便的角度，辩音菩萨才可以提这样的问题，对此，佛祖释迦牟尼不能直接地具体地回答他，还必须强调大乘佛法的基本原则，此即经文中佛祖所谓"一切如来圆觉清净，本无修习及修习者"。也就是说一切众生在本性上与佛并没有差别，都有清净圆满觉悟妙性，这是先天就具有的，从这个角度看，自然就没有修习和修习者之分了。但是，本来具有的觉悟真心有待发明显露，在这个意义上，又不能不有方便法门。按佛祖释迦牟尼的说法，共有二十五种清净定轮，这种清净定轮，能碾碎烦恼，能运载度脱，有十分明显的现实作用。

二十五种方便法门或所谓的清净定轮，并不是妄而所有，其基本的内容，或者说其核心，仍然是佛祖释迦牟尼在上文中指出的因地修行三观，即奢摩他、三摩钵提和禅那。它们既为因地修行三观，又为二十五种清净定轮的前三者。下文则根据这三者的不同的排列组合，共有二十一种清净定轮，佛祖释迦牟尼就此将一一解说。

【原文】

若诸菩萨，先取至静^①，以静慧心^②，照诸幻者，便于是中^③，起菩萨行。此菩萨者，名先修奢摩他，后修三摩钵提。

若诸菩萨，以静慧故，证至静性^④，便断烦恼，永出生死。此菩萨者，名先修奢摩他，后修禅那。

若诸菩萨，以寂静慧，复现幻力^⑤，种种变化，度诸众生，后断烦恼而入寂灭^⑥。此菩萨者，名先修奢摩他，中修三摩钵提，后修禅那。

若诸菩萨，以至静力，断烦恼已，后起菩萨，清净妙行，度诸众生。此菩萨者，名先修奢摩他，中修禅那，后修三摩钵提。

若诸菩萨，以至静力，心断烦恼，复度众生，建立世界^⑦。此菩萨者，名先修奢摩他，齐修三摩钵提、禅那。若诸菩萨，以至静力，资^⑧发变化，后断烦恼。此菩萨者，名齐修奢摩他、三摩钵提，后修禅那。

若诸菩萨，以至静力，用资寂灭，后起作用，变化世界^⑨。此菩萨者，名齐修奢摩他、禅那，后修三摩钵提。

【注释】

① 先取至静：谓首先采取进入极为寂静的观法。
② 以静慧心：谓由极为寂静的观法而生起的寂静智慧心。
③ 是中：这里面、这中间。
④ 证至静性：谓证得极为寂静的自性。
⑤ 复现幻力：谓再现种种幻化的力量及种种变化。
⑥ 寂灭：即入定。

⑦ 建立世界：谓建立大乘的众生世界。
⑧ 资：凭借。
⑨ 变化世界：谓变化各种境界世界。

【白话】

如果诸位菩萨，首先采取进入极为寂静的观法，再用此观法生起的寂静智慧心来观照诸种幻象，便能够在这个过程中生起菩萨修行。这种菩萨的修习方法，被称为先修奢摩他，后修三摩钵提。

如果诸位菩萨，先以寂静生起的智慧心作思维，由此去证得寂静的自性，于是便会断灭烦恼，永远跳出生死轮回的圈子。这种菩萨的修习方法，被称为先修奢摩他，后修禅那。

如果诸位菩萨，先以寂静生起的智慧力作思维，然后去观照种种幻化的力量和种种变化，再用此来度脱诸位众生，最后共同断灭烦恼，一块进入寂灭的境界。这种菩萨的修习方法，被称为先修习奢摩他，中间修习三摩钵提，最后修习禅那。

如果诸位菩萨，先以由入取极为寂静所生起的慧力来断除烦恼，然后再生起菩萨清净玄妙之行，最后用此来度脱诸位众生。这种菩萨的修习方法，被称为先修习奢摩他，中间修习禅那，最后修习三摩钵提。

如果诸位菩萨，先以由入取极为寂静所生起的慧力智心来断除烦恼，然后再去度脱诸位众生，建立大乘众生世界。这种菩萨的修习方法，被称为先修奢摩他，后齐修三摩钵提和禅那。

如果诸位菩萨，先以由入取极为寂静所生起的慧力，来资助策动生起变化的力量，最后度脱众生断灭烦恼。这种菩萨的修习方法，被称为先齐修奢摩他和三摩钵提，后修禅那。

如果诸位菩萨，先以由入取极为寂静所生起的慧力，来资助寂灭的作用，最后发起作用和变化的境界。这种菩萨的修习方法，被称为先修奢摩他和禅那，后修三摩钵提。

【解说】

本节经文所展现的七种清净轮,皆是以静为首,兼有三摩钵提和禅那的法门。通过不同的次序,修习的结果和名目均不尽相同。这七种清净轮的排列情况如下:

先修奢摩他,后修三摩钵提;

先修奢摩他,后修禅那;

先修奢摩他,中修三摩钵提,后修禅那;

先修奢摩他,中修禅那,后修三摩钵提;

先修奢摩他,齐修禅那、三摩钵提;

齐修奢摩他、三摩钵提,后修禅那;

齐修奢摩他、禅那,后修三摩钵提。

【原文】

若诸菩萨,以变化力①,种种随顺而取至静。此菩萨者,名先修三摩钵提,后修奢摩他。

若诸菩萨,以变化力,种种境界而取寂灭。此菩萨者,名先修三摩钵提,后修禅那。

若诸菩萨,以变化力,而作佛事②,安住寂静而断烦恼。此菩萨者,名先修三摩钵提,中修奢摩他,后修禅那。

若诸菩萨,以变化力,无碍作用,断烦恼故,安住至静。此菩萨者,名先修三摩钵提,中修禅那,后修奢摩他。

若诸菩萨,以变化力,方便作用,至静寂灭,二俱③随顺。此菩萨者,名先修三摩钵提,齐修奢摩他、禅那。

若诸菩萨,以变化力,种种起用,资于至静,后断烦恼。此菩萨者,名齐修三摩钵提、奢摩他,后修禅那。

若诸菩萨,以变化力,资于寂灭,后住清净,无作静虑。

此菩萨者，名齐修三摩钵提、禅那，后修奢摩他。

【注释】

①变化力：谓由修因地修行三观所引发的种种变化的力量或慧力、智力。

②佛事：指佛的教化，《维摩诘所说经·香积佛品》指出："当于娑婆世界施作佛事，令此乐小法者，得弘大道，亦使如来名声普闻"。佛事亦指佛教仪式，如佛忌、祈祷、追福等法会。

③二俱：指上句的"至静、寂灭"。

【白话】

如果诸位菩萨，先以观修生起的种种变化的力量或慧力，来随顺迎合，而得到寂静的境界。这种菩萨的修习方法，被称为先修三摩钵提，后修奢摩他。

如果诸位菩萨，先以观修生起的种种变化的力量或慧力，与种种境界发生作用，再来随顺迎合而取得寂灭的境界。这种菩萨的修习方法，被称为先修三摩钵提，后修禅那。

如果诸位菩萨，先以观修生起的种种变化的力量或慧力，然后再按佛的教化行事，安心住于寂静的境界，最后断灭烦恼。这种菩萨的修习方法，被称为先修习三摩钵提，中间修习奢摩他，最后修习禅那。

如果诸位菩萨，先以观修生起的种种变化的力量或慧力，与无碍发起作用，然后断灭烦恼，再安心住于寂静。这种菩萨的修习方法，被称为先修习三摩钵提，中间修习禅那，最后修习奢摩他。

如果诸位菩萨，先以观修生起的种种变化的力量或慧力，行使各种方便作用，达到寂静寂灭的境界，然后随顺迎合寂静寂灭。这种菩萨的修习方法，被称为先修习三摩钵提，后齐修习奢摩他和禅那。

如果诸位菩萨，先以观修生起的种种变化的力量或慧力，然后用种种生起的作用，资助于达到寂静的境界，最后断灭烦恼。这种菩萨的修习方法，被称为先齐修三摩钵提和奢摩他，后修习禅那。

如果诸位菩萨，先以观修生起的种种变化的力量或慧力，资助于寂灭的境界，最后住于清净境界，不再继续做寂静的思虑。这种菩萨的修习方法，被称为先齐修习三摩钵提和禅那，后修习奢摩他。

【解说】

此段经文中的七种清净轮，皆是以修如幻观为首，分别为：
先修三摩钵提，后修奢摩他；
先修三摩钵提，后修禅那；
先修三摩钵提，中修奢摩他，后修禅那；
先修三摩钵提，中修禅那，后修奢摩他；
先修三摩钵提，齐修奢摩他和禅那；
齐修三摩钵提、奢摩他，后修禅那；
齐修三摩钵提、禅那，后修奢摩他。

【原文】

若诸菩萨，以寂灭力[1]，而取至静，住于清静。此菩萨者，名先修禅那，后修奢摩他。

若诸菩萨，以寂灭力，而起作用，于一切境，寂用[2]随顺。此菩萨者，名先修禅那，后修三摩钵提。

若诸菩萨，以寂灭力，种种自性[3]，安于静虑而起变化。此菩萨者，名先修禅那，中修奢摩他，后修三摩钵提。

若诸菩萨，以寂灭力，无作自性④，起于作用，清净境界，归于静虑。此菩萨者，名先修禅那，中修三摩钵提，后修奢摩他。

若诸菩萨，以寂灭力，种种清净，而住静虑，起于变化。此菩萨者，名先修禅那，齐修奢摩他、三摩钵提。

若诸菩萨，以寂灭力，资于至静，而起变化。此菩萨者，名齐修禅那、奢摩他，后修三摩钵提。

若诸菩萨，以寂灭力，资于变化，而起至静，清明境慧。此菩萨者，名齐修禅那、三摩钵提，后修奢摩他。

若诸菩萨，以圆觉慧⑤，合圆一切，于诸性相⑥，无离觉性⑦。此菩萨者，名为圆修三种自性⑧清净随顺。

【注释】

① 以寂灭力：谓由修寂灭观法所生起的慧力。
② 寂用：寂灭观法的作用。
③ 种种自性：各种各样的自性。
④ 无作自性：不做各种各样的自性。
⑤ 圆觉慧：指因地修行三观并修而无偏废所获得的智慧。
⑥ 于诸性相："性"指以清净圆觉为本质依据，此性即指圆觉性；"相"指所修观法的先后秩序，此相即指上述清净轮并行不悖之相。
⑦ 无离觉性：谓寂慧观、如幻观和静慧观三者均未离开圆觉自性。
⑧ 三种自性：当指寂慧观、如幻观和静慧观三者自性。

【白话】

如果诸位菩萨，先以修寂灭观法所生起的慧力，进而求取达于寂静，最后住于清净境界。这种菩萨的修习方法，被称为先修习禅那，后修习奢摩他。

如果诸位菩萨，先以修寂灭观法所生起的慧力，继而生起种种作用，在一切境界中，依靠寂灭的作用随顺迎合。这种菩萨的修习方法，被称为先修习禅那，后修习三摩钵提。

如果诸位菩萨，先以修寂灭观法所生起的慧力，显示出种种自性，安心住于静虑，最后再生起变化。这种菩萨的修习方法，被称为先修习禅那，中间修习奢摩他，最后修习三摩钵提。

如果诸位菩萨，先以修寂灭观法所生起的慧力，不做种种自性，而生起种种作用，进入清净境界，最后回归为寂静的思虑。这种菩萨的修习方法，被称为先修习禅那，中间修习三摩钵提，最后修习奢摩他。

如果诸位菩萨，先以修寂灭观法所生起的慧力，生起种种清净作用，然后安心住于静虑，再生起种种变化。这种菩萨的修习方法，被称为先修习禅那，后齐修习奢摩他、三摩钵提。

如果诸位菩萨，先以修寂灭观法所生起的慧力，资助于达到寂静境界，而生起种种变化。这种菩萨的修习方法，被称为先齐修习禅那和奢摩他，后修习三摩钵提。

如果诸位菩萨，先以修寂灭观法所生起的慧力，资助于生起各种变化，然后再生起达到寂静境界和清净光明境界的智慧。这种菩萨的修习方法，被称为先齐修习禅那和三摩钵提，后修习奢摩他。

如果诸位菩萨，先以圆满觉悟智慧，圆融和合一切事物的认识，然后认识到诸事物的自性和外在表相，都不离圆满觉悟自性。这种菩萨的修习方法，被称为圆满修习三种自性清净随顺。

【解说】

此段经文所展示的八种清净定轮，前七个均以修静慧观为首，分别为：

先修习禅那,后修习奢摩他;

先修习禅那,后修习三摩钵提;

先修习禅那,中修习奢摩他,后修习三摩钵提;

先修习禅那,中修习三摩钵提,后修习奢摩他;

先修习禅那,后齐修习奢摩他和三摩钵提;

先齐修习禅那和奢摩他,后修习三摩钵提;

先齐修习禅那和三摩钵提,后修习奢摩他。

除此七者均以修静慧观为首外,第八个清净定轮,也就是全部的第二十五个清净定轮,是最高的如意圆修观,它的特性是三观并修而无偏废,由此可获得圆满觉悟的智慧。这种智慧,充分体现在寂静观、如幻观和静慧观三者之中。

【原文】

善男子!是名菩萨二十五轮,一切菩萨修行如是。若诸菩萨及末世众生,依此轮者,当持梵行,寂静思惟,求哀忏悔①,经三七日②,于二十五轮各安标记,至心求哀,随手结取,依结开示,便知顿渐③。一念④疑悔,即不成就。

尔时世尊,欲重宣此义,而说偈言:

辩音汝当知,一切诸菩萨,无碍清净慧,皆依禅定生。所谓奢摩他,三摩提禅那,三法顿渐修,有二十五轮。十方诸如来,三世修行者,无不因此法,而得成菩提。惟除顿觉人,并法不随顺,一切诸菩萨,及末世众生,常当持此轮,随顺勤修习,依佛大悲力,不久证涅槃。

【注释】

① 忏悔:"忏"乃梵语忏摩音译之略称,"悔"是忏摩的意译,

故合称忏悔。原为对人发露自己的过错、求容忍宽恕之意。佛教制度规定，出家人每半月集合举行诵戒，给犯戒者以说过悔改的机会。以后产生了忏悔文、忏仪一类的著作，遂成为专以脱罪祈福为目的的一种宗教仪式。

②三七日：即三七二十一日。

③顿渐：指顿悟和渐悟。顿悟指无须长期修习，一旦把握佛教真理，即可突然觉悟。渐悟指须经长期修习才能达到佛教的觉悟。此处顿渐合用。其意为若把握清净圆觉真性，从众生人人天生就有此真性，众生回归此真性必须顿悟；若从方便随顺的角度来分析，众生把握此清净圆觉真性，必须渐悟。

④一念：即一刹那。

【白话】

善男子！以上解说了菩萨修行的二十五种清净定轮的方法，一切菩萨修行都不离此二十五种方法。如果诸位菩萨和末世众生，依靠这种清净定轮，正当地修持最高的清净梵行，做寂静的思维，发悲哀怜悯之心，经常进行忏悔，在道场中经过二十一日的清虑思维，将二十五种清净定轮的名称与内容，各各写于木牌之上，再发起最大的心愿求得悲哀怜悯，随时用手结缘取之，并且依靠所结的缘来开示自己，这样便能知晓自己是顿悟还是渐修终得成就。如果在这个过程中有一刹那间的怀疑后悔的念头出现，那么就不能取得成就。

佛祖宣说完毕后，为了再次强调他所宣说的教法，于是又用偈语的形式总结道：

辩音汝当知，一切诸菩萨，无碍清净慧，皆依禅定生。所谓奢摩他，三摩提禅那，三法顿渐修，有二十五种。十方诸如来，三世修行者，无不因此法，而得成菩提。惟除顿觉人，并法不随顺，一切诸菩萨，及末世众生，常当持此轮，随顺勤修习，依佛大悲力，不久证涅槃。

【解说】

此节经文乃佛祖释迦牟尼对二十五种清净定轮的作用的具体说明，同时又宣示了行此清净定轮的具体要求。总的思想是这些清净定轮是一切菩萨的修行方法，按此修行即可证得成就。具体要求即如做静虑思维、发悲怜之心、经常忏悔、并经二十一日、各各书写结取等，最重要的是在这个过程中不能有一刹那的怀疑后悔，否则就会无所成就。

净诸业障菩萨章

【原文】

于是净诸业障菩萨,在大众中,即从座起,顶礼佛足,右绕三匝,长跪叉手而白佛言:大悲世尊,为我等辈,广说如是不思议事。一切如来,因地行相①,令诸众生得未曾有,睹②见调御③,历恒沙劫④,勤苦境界,一切功用,犹如一念⑤,我等菩萨,深自庆慰。世尊!若此觉心,本性清净,因何染污,使诸众生,迷闷不入⑥?惟愿如来广为我等开悟法性⑦,令此大众及末世众生,作将来眼⑧。说是语已,五体投地,如是三请,终而复始。

尔时世尊告净诸业障菩萨言:善哉!善哉!善男子!汝等乃能为诸大众及末世众生,咨问如来如是方便。汝今谛听,当为汝说。

【注释】

① 因地行相:即因地修行的相状或因地修行的情况。
② 睹:见、看见。
③ 调御:即调御丈夫,佛祖释迦牟尼的十号之一,谓佛祖能教化引导一切可度者,故称。
④ 恒沙劫:"恒沙"喻指如恒河中沙粒一样多。"劫",梵语音译之略称,全称为"劫波"、"劫簸",为古代印度表示时间的单位,意指极其久远的时间,源于古印度婆罗门教,原指世界存在的一个周

期；据称一劫等于一大梵天一个白天，相当于人间四十三亿二千万年；另据古印度《摩奴法论》称，一劫分为圆满时、三分时、二分时、争斗时共四时，计有四百三十二万年。佛教引用这一概念后，做出了自己的规定。其将劫分为大劫、中劫、小劫三类。佛教认为人的寿命有增有减，自十岁开始，每百年增长一岁，增至八万四千岁，然后再由八万四千岁开始，每百年减去一岁，一直减至十岁，人寿命的一个增长期或一个减少期各为一小劫，两个小劫为一中劫，八十个中劫为一大劫。劫后来也被用来指天灾人祸。"恒沙劫"谓无限多的时间。

⑤一念：即一刹那。

⑥不入：谓不得深入。

⑦法性：诸法实性，也就是圆觉性，穷究诸法，皆无自体，同于一性，即名法性。

⑧眼：喻指核心、精髓。

【白话】

佛祖释迦牟尼宣说完毕偈语后，净诸业障菩萨在大众中离座而起，他走到佛祖面前，用自己的头顶触摸佛祖的脚面，然后起立右转，围着佛祖绕了三圈，又长跪在地双手合掌对佛祖说：大慈大悲的世尊！您为我们广泛地解说了许多不可思议的道理和如来因地修行的情况，让诸位菩萨和大众得到了从未有过的知识和感受，看见了您在刹那间为我们展现的历经恒河沙粒数一样多的时间内的修行功德，说明了勤勤苦修的境界和一切功用，只是刹那之间的一个念头而已。我们诸位菩萨和大众，深深地感到欣慰和庆喜。世尊！如果这个觉悟心本来自性清净，那么，它是因为什么而污染的？又因为什么而使诸众生感到迷惑苦闷而不得深入呢？惟愿世尊您再次广泛地为我们开悟，使我们真正能够得到佛法的法性，使我们与会的菩萨和法众以及末世众生，在未来的修行中,不受迷惑,能看清楚其中精要。净诸业障菩萨乞请完毕后,将五体投地,对佛祖再行礼拜,如是反复了三次,以表达他的虔诚之请。

净诸业障菩萨乞请礼拜完毕后,佛世尊便开口对他说道:善哉!善哉!善男子!你能为诸位大众和末世众生,咨问如来这样的方便法门,现在你们仔细听着,我将为你们解说。

【解说】

净诸业障菩萨请佛世尊广说菩萨成佛所应修习的因地行相,询问本来清净的圆觉妙心,是如何受污染的。提出这一问题的目的,是为了使与会法众开悟法性,即启发开示而能使觉悟的法性。这个法性就是诸法实性,也就是圆觉妙性,因为诸法无自体,同有此性。

【原文】

时净诸业障菩萨,奉教欢喜,及诸大众,默然而听:

善男子!一切众生从无始来,妄想执有我[1]人[2]众生[3]及与寿命[4],认四颠倒[5]为实我体,由此便生憎爱二境。于虚妄体,重执虚妄[6];二妄相依,生妄业道[7];有妄业故,妄见流转[8];厌流转者,妄见涅槃,由此不能入清净觉。非觉违拒[9],诸能入者;有诸能入,非觉入故。是故动念及与息念,皆归迷闷。何以故?由有无始本起无明,为己主宰;一切众生,生无慧目[10];身心等性,皆是无明,譬如有人,不自断命。是故当知,有我爱者,我与随顺;非随顺者,便生憎恶。为憎爱心,养无明故,相续求道,皆不成就。

【注释】

①我：梵语的意译，音译为"阿特曼"，原意为呼吸，佛教将其转义为"生命"、"自己"、"身体"等，相当于自我、物体自性。指支配人和事物的内部主宰者。一般分人我（梵语称"补特伽罗"）和法我两种，《大毗婆沙论》卷九指出："我有两种，一者法我，二者补特伽罗我。"单用之"我"，一般指人我，《成唯识论》卷一指出："我谓主宰。""主宰"有二意：一意为自在力，和一国之主一样，可以自由自在；一意为割断力，和国之宰辅一样，能割断纷事。这样，主宰即绝对独立自主，可任性支配一切的活的实体。"我"在佛教文献中常常带有实在性、单一性、独自性及永恒不变性等含义。佛教主张无我，把承认有我者视为颠倒的认识。

②人：指具体的个体的人。

③众生：亦称"有情"、"有情众生"。包括天神、人类和一切动物。这些都有情识，故称有情。又因其由众法因缘和合而生，故名众生。所谓众法包括色、心二法，其中色法指地、水、火、风四大；心法指受、想、行、识四法。

④寿命：指寿者之命数。

⑤四颠倒：佛教认为世间人生本为无常、苦、无我、不净，但凡夫不明此理，做出相反的判断，误认为人生是常、乐、我、净，此即被称为四颠倒。

⑥于虚妄体，重执虚妄：谓自我本来不存，以自我为实体，是一层虚妄；因自我虚妄，而生出依附于自我的对镜虚妄，是第二层虚妄，故言"重执虚妄"。

⑦二妄相依，生妄业道："二妄"，指关于自我和依附于自我的境界的虚妄，此二重执着是相互依赖的，故称"二妄相依"；由虚妄之心而起惑造业，结成流转生死的业道和苦报，故称"生妄业道"。

⑧流转：生死轮回流转。

⑨非觉违拒：指凡夫不能得清净觉，并不是清净觉性拒绝而使他们不能得，而是因为他们起心动念，染污了真性。

⑩一切众生，生无慧目：谓众生是先天的无明，所以生来就没有智慧之眼。

【白话】

净诸业障菩萨听佛祖释迦牟尼将要说法，为能亲自得到佛祖的教诲，内心充满欢喜。诸位菩萨和与会的法众，也都鸦雀无声，默默地听佛祖说法：

善男子！一切众生从无始之际以来，就一直坚持地认为有"我"、"人"、"众生"及"寿命"等，把这四种颠倒的认识，执住为实有自我的自体。由于有了把自我看做实体的认识，便产生了憎恶和爱恋的两种境界。这就等于在认为我有虚妄的基础上，又增加了一重执住境界的虚妄；这二重虚妄，使众生生起了冥行妄做造业的活动；有了这种冥行妄做的造业，自然会有妄诞的认识，使众生始终都在这种妄诞的认识中生死轮回流转。有人厌恶这种生死轮回流转，想求得解脱，反而又虚妄地执住于涅槃，最终囚之不能得入圆满清净觉悟的境界。所有这一切，并不是圆满清净觉悟自性拒绝众生能够得入清净境界，而是因为执住有什么是觉悟的见解，自认为能够入于清净境界，所以才被拒绝于门外；那些能够进入清净境界的人，也不是清净觉悟自性的进入。这说明能否进入与觉性本身没有关系。所以，一个修行的人动念和息念，都是因为迷惘而不清的缘故。为什么呢？由于在无始之际就生起了无明的本源，作为自己的主宰。一切众生，生来就缺乏智慧的眼力，他的身心都受无明的主宰，这就像有人爱惜自己的生命而不会自我断送生命一样。因而就应该知道，有了对"自我"的贪爱，"自我"就会迎合随顺他本人；如果相对于自我的身心，不去迎合随顺"自我"，此人就会生起憎恶和怨恨的心态，有了怨恨和爱恋的心态，恰恰又助长培养了无明。正是世俗的人们不断地带着憎恨和爱恋两种心态，又不断地去追求成佛之道。结果他们当然不能得入清净有所成就。

【解说】

众生生来就有的圆觉妙性是清净的，那么，是因何而染呢？佛祖释迦牟尼认为，污染之源就是所谓的四颠倒。众生一般把本来的无常、无我、苦、不净，妄认为常、乐、我、净，以无常为常，以无我为有我，以苦为乐，以不净为净。在这四颠倒中，核心是执有实我。一旦有了实我这种主体的虚妄，便会产生对象境界的虚妄，由此也对环境有了爱恋和憎恶的情结。二妄重执是一种相当严重的虚妄，这种虚妄归结起来，也就是一心所做；由虚妄之心而起惑造业，就会结成生死轮回流转的业报。如果是那些声闻缘觉二乘修道之人，他们会厌离生死轮回流转，视三界如火宅，发心修道，息缘断惑，这样就会又执于空寂，拘泥于解脱，对涅槃又产生了虚见。所以，不是清净圆觉妙性拒绝他们得入清净境界，而是因为他们沉空滞寂，染污了真性，最终结果仍然是皆归迷闷。这又是为什么呢？是因为众生和二乘之人最初一念不觉，无始之际便有无明发动。生来便没有智慧之眼，使我相我执难去；由于无明相续，无穷尽期，即使发大乘心修菩提道，若我相不去，仍难成佛。

【原文】

善男子！云何我相^①？谓诸众生，心所证者。善男子！譬如有人，百骸^②调适，忽忘我身，四肢弦缓^③，摄养乖方^④，微加针艾^⑤，则知有我，是故证取，方现我体。善男子！其心乃至证于如来，毕竟了知，清净涅槃，皆是我相。

善男子！云何人相^⑥？谓诸众生，心悟证者。善男子！

悟有我者，不复认我所悟非我，悟亦如是，悟已超过一切证者，悉为人相。善男子！其心乃至圆悟涅槃，俱是我者，心存少悟，备殚⑦证理，皆为人相。

善男子！云何众生相⑧？谓诸众生，心自证悟所不及者。善男子！譬如有人作如是言：我是众生，则知彼人说众生者，非我非彼。云何非我？我是众生，则非是我；云何非彼？我是众生，非彼我故。善男子！但诸众生了证了悟，皆为我人，而我人相所不及者，存有所了，名众生相。

善男子！云何寿命相⑨？谓诸众生，心照清净觉所了者。一切业智⑩，所不自见，犹如命根⑪。善男子！若心照见，一切觉者，皆为尘垢，觉所觉者不离尘故，如汤消冰，无别有冰，知冰消者。存我觉我，亦复如是。

【注释】

① 我相：谓我的相状，指对我的认识和分别，即于五蕴（色、受、想、行、识）法中计有实我、有我之所有。

② 百骸："骸"，原意指人的胫骨，后泛指人的骨头。"百骸"谓一人之身骨。

③ 弦缓：谓像弓弦一样拉紧而不自在。

④ 乖方："乖"，违背、不协调；"方"，规矩。"乖方"，谓违背正常的行为习惯。

⑤ 针艾：针灸和艾灸。

⑥ 人相：谓人的相状，指对人的认识和分别，即于五蕴法中计我为人。

⑦ 备殚："殚"，尽，竭尽。"备殚"，谓完全竭尽。

⑧ 众生相：谓众生的相状，指对众生的认识和分别，即于五蕴

法中计我依五蕴而生。

⑨寿命相：谓寿命的相状，指对寿命的认识和分别，即于五蕴法中计我一期之寿命。

⑩业智：指未脱业报的智慧，即世俗之智慧。

⑪命根：梵语的意译，谓因过去世之业而引起在今生维持寿命的依据。《俱舍论》卷五指出："云何命根？谓三界寿。"《大乘广五蕴论》亦指出："云何命根？谓于众同分，先业所引，住时分限为性。"

【白话】

善男子！什么叫做我相呢？诸位众生心里想去证悟的东西，被称为我相。比如说有的人身子骨强壮，调养得也不错，自我感觉便舒适，当他出神的时候，会全然忘掉自我的存在，他的四肢活动并不自觉，所以行为动作就显得怪异；这时，如果有人用针艾稍稍地给他施以调治和刺激，他马上就会做出反映，会思忖谁在刺激我，这样便会找回自我。这就说明是通过求证寻取，然后才显现出我的存在。这也是不舍自我的情形。善男子！众生之心若是如此证到了如来境界，并且最后达到了清净涅槃的境界，但这仍然是不离我相。

善男子！什么叫做人相呢？诸位众生的心里所去证悟的东西，被称为人相。善男子！证悟到有自我的人，就不会再去认识自我，他要求所能悟到的是非我，这也是如此情况。他即使是所悟到的已经超越了一切想要证获的东西，毕竟还是不离人相。善男子！众生之心若是如此证得了圆满觉悟涅槃，但都是自我，他心里若有少许觉悟，就竭尽全力想说明所证得的理由，但这仍然是不离人相。

善男子！什么叫做众生相呢？诸位众生依靠自己的心去证悟不能得到的东西，被称为众生相。善男子！比如有人这样说：我是众生。我们就知道这个人所说的众生，既不是我，也不是他。为什么不是我呢？因为如果我是众生，那么我就不应该只是单个的我；为什么又不是他呢？因为我才是众生，而不是说他是众生。善男子！一旦诸位众生证悟到的都是我，而我这个人相还有没有被证悟到的方面，还存在着一些超出我之外的东西，这就被称为众生相。

善男子！什么叫做寿命相呢？诸位众生心中观照清净，觉察能够了知的东西，被称为寿命相。世间一切因人为的活动而生起的世俗智慧，是不能自己去认识自己的，就像命根一样，自己不能除掉自己。善男子！如果众生的心能够照见一切，那么，一切获得觉悟的东西，都是世俗的尘垢，因为真正的觉悟是要去除觉的对象，这个对象是不离尘垢的。比如用热水来融化冰决，冰块被融后不再存在了，只有热水了，但没有冰以外的水，也没有水以外的冰。存思我、觉悟我，也是这样，因为没有存思我之外的我，也没有觉悟我之外的我，它们无非都是执着于我而已。

【解说】

我相、人相、众生相、寿命相，都是表于外而想象对心者。佛教认为人是色、受、想、行、识五蕴在一定条件下的暂时聚合。所以惟有假名，而无实体，由此得出"人我空"的结论。这里的我、人、众生、寿命四相皆是指人我而言，所以可以归结为人我执。人我执是佛教要求破除的一种主要观念；小乘佛教把这种执着视为万恶之本，是一切谬误和烦恼的总根源；大乘佛教在破人我执显我空之理的同时，还要求破法我执，显法空之理。

这节经文的思想即是佛祖释迦牟尼为诸菩萨和众生宣说如何显法空之理。佛祖指出，众生由于执着于无明之体，便生我、人、众生、寿命四相。我相在无明驱使下，耽于积习，不知有我，众生只有在境不随顺，身心不适之时，才会有所证取而显现我体；证取我体的主体是人，这又会使众生执迷于人相；众生无论怎样要去泯除我相人相，但总有一相摆脱不了主体。妄执自我为我相，由证悟我相虚妄而否定排除对我的迷误，但又不能不肯定人相，即有一个能证悟的人相，也即是主体，这是要证法空的首要障碍。要破除它，要明白还有心所证悟不及的众生相，这一众生相，也就是他相。因为众生由于无明驱使，有我相人相的迷执，我相对于认识它的主体即人相来说，又是他相，——自我之间其实就是一种别他关系，张三自称为我，对李四来说可能只是他。这种他相的破除就要依靠发起自身心体的智慧，但这种智慧只是世俗的智慧，它可以除妄见，但不能自除，如同寿命之根，故称其为寿命相。寿命相的根除要靠圆觉妙性。这是佛祖释迦牟尼将要在下文宣说的。

通过对佛祖释迦牟尼宣说法空之理的分析，我们可以发现所谓圆觉妙性能够达到的至纯至净的境界，是离言绝对的，要求的是能所两泯智悟兼忘，是彻底的空。

【原文】

善男子！末世众生不了四相，虽经多劫勤苦修道，但名为有，终不能成一切圣果[①]，是故名为正法末世。何以故？认一切我为涅槃故，有证有悟名成就故。譬如有人认贼为子，其家财宝终不成就。何以故？有我爱者亦爱涅槃，伏我爱根为涅槃相；有憎我者亦憎生死，不知爱者真生死故。别憎生死，名不解脱。云何当知法不解脱？善男子！彼末世众生，习菩提者，以己微证[②]，为自清净，犹未能尽我相根本。若复有人赞叹彼法，即生欢喜，便欲济度；若复诽谤，彼所得者，便生嗔根[③]；则知我相，坚固执持，潜伏藏识[④]，游戏诸根，曾不间断。

善男子！彼修道者，不除我相，是故不能入清净觉。

善男子！若知我空，无毁我者，有我说法，我未断故。众生寿命亦复如是。

【注释】

① 圣果：神圣的正果，指修得佛果。

② 微证：一点点地证得。

③ 嗔根："嗔"，发怒、生气；常称作"嗔恚"、"嗔火"、"嗔心"、"嗔毒"等，简称"嗔"。为佛教三毒之一，三毒指各种烦恼中最能毒害众生，并成为产生其他烦恼的三种根本烦恼，即贪、嗔、痴，也称三不善根，故此处称"嗔根"。《大乘义章》卷五指出："然此三毒，通摄一切烦恼。"《别译杂阿含经》卷一亦指出："能生贪欲，嗔恚、愚痴，常为如斯三毒所缠。"

④ 藏识：梵语意译，亦译"无没识"；音译为"阿赖耶识"、"阿梨耶识"、"阿剌耶识"、"赖耶识"等。藏识谓含藏诸法种子，无没识谓执持诸法种子不失。该识是被佛教着重阐发的一种识体，据称由八种道理证成的阿赖耶识可归结为三相：一为因相，谓能永恒执持产生世界一切事物种子，成为万法之根本原因，故又称为一切种识；二为果相，谓此识能按照前世所做善恶之业，引生后世的相应报应，保持精神主体的永恒相续，并以不同的形体和身份，生于特定的周围环境；三为自相，有三个方面，即能执持诸法种子（能藏）、受熏形成新种子（所藏）、被前一识执为自我（执藏）；这三个方面实际上是上述因相与果相的统一；这种互为因果，连续不断的识体，被一般人认为它就是内我（即灵魂），此即名阿赖耶识之自相。因此，佛教把阿赖耶识定为物质世界和自身的本源，亦是轮回果报的精神主体和由世间证得涅槃的依据，《唯识三十颂》指出："无始时来界，一切法等依，由此有诸趣，及涅槃证得"。藏识在这

里指如来藏的派生物，是众生心识中最深层次的识体。

【白话】

善男子！末世众生不了解以上宣说的我相、人相、众生相和寿命相，固执常、乐、我、净四种颠倒的认识，虽然他们历经千万年的时间，仍然勤勤恳恳地苦苦修道，但这些都是具有生、住、异、灭变化的有为法而已，最终仍然不能成就神圣的正果，因此才称其为末世时期的正法。这为什么呢？因为认为一切都以我为中枢，以为是我去涅槃，有证得又有悟得，所以就说是有了成就。这就和有人认盗贼为儿子一样，他家的财宝再多，终究也是不能守得住的。这又是为什么呢？既然有了我的爱的欲望，就会去爱恋涅槃，实际上是制伏了爱的根源，才是涅槃的境界；又如有了憎我的欲望，就会去憎恶生死轮回，却不知爱恋才是生死轮回真正的根源，而是利用憎恶来试图摆脱生死轮回，仍然可以说不能达到解脱境界。那么，怎样才能真正知道法是不能解脱的呢？善男子！未来世欲修习菩萨正觉的众生，以自己所能够得到一点点的证解，就自认为获得了清净境界，实际上还是没有从根本上断尽我相。如果再有人出来赞叹夸奖这种修习，就会使他心生欢喜，便去要广济普度众生；如果又有人出来诽谤诋毁这种修习和由这种修习所得到的成就，又会使他心中生起嗔恚之毒。由此可以看出，我相是相当顽固的执持，它潜伏于众生的种子识之中，有机会就要扰戏众生的眼、耳、鼻、舌、身、意诸根，而且这种扰戏诸根的功用从不间断。

善男子！你们若想修习正道，就不能不首先除掉我相。若不除掉我相，就不能得以进入清净觉悟的境界。

善男子！如果知道了我相的自性原本是空，也就不会有人能够毁掉我了；若是还有一些关于我的说法，说明我还是没有被彻底断除。对众生相、寿命相的解空分析，也应该是这样的。

【解说】

为什么末世众生始终辛勤修习而不得圣果成就，不能成佛呢？佛祖释迦牟尼指出，这是因为在证涅槃的过程中并未抛弃人相、我相、众生相、寿命相；对于众生来说，六根取境还可以制服克除，但藏识中的妄我，众生难以辨明，所以才导致长久修行而不得圣果。众生在求清净涅槃的过程中，因为爱见不除，则涅槃也成了执着；爱根在求涅槃中隐伏不起，呈现出清净假相，似有非有，只是涅槃之相，而非真正的涅槃；爱涅槃是一面，憎生死则是另一面，都是执藏识中的妄我所致。爱涅槃本业是求解脱的出发点和动力，何以又不得解脱呢？因为这里有执人我等四相的缘故，四相不空，涅槃不得。在这里，众生最容易犯的毛病就是以自己一点点的证解，便自以为清净。究其根源，亦然是藏识中的妄我在作怪。藏识细微而难以分别，一切诸根取境执着都是由于藏识的拨动。因此，我相不除，菩提难证，清净不能入。这里的我相。已经不是经验之我了，而是超经验的无始无明的藏识，这种识体在求证圆觉妙性中也要破除断灭。

【原文】

善男子！末世众生说病为法，是故名为可怜悯者。虽勤精进，增益诸病，是故不能入清净觉。

善男子！末世众生，不了四相，以如来解及所行处为自修行，终不成就。或有众生未得谓得，未证谓证，见胜进者，心生嫉妒，由彼众生，未断我爱，是故不能入清净觉。

善男子！末世众生，希望成道，无令求悟，惟益多闻，增长我见。但当精勤降伏烦恼，起大勇猛[①]，未得令得，未断令断；贪嗔爱慢[②]，谄[③]曲[④]嫉妒，对境不生，彼我恩爱一切寂灭。佛说是人，渐次成就，求善知识，不堕邪见；若于所求别生憎爱，则不能入清净觉海⑤。

尔时世尊，欲重宣此义而说偈言：

净业汝当知，一切诸众生，皆由执我爱，无始妄流转。未除四种相，不得成菩提，爱憎生于心，谄曲存诸念。是故多迷闷，不能入觉城。若能归悟刹，先去贪嗔痴。法爱不存心，渐次可成就，我身本不有，憎爱何由生。此人求善友，终不堕邪见，所求别生心，究竟非成就。

【注释】

① 大勇猛：巨大的勇猛气度和智慧。

② 慢：梵语意译，佛教烦恼之一，谓傲慢自负，共有七慢：一慢，指对那些不如自己的人，认为自己胜过了他，对那些胜过自己的人，认为自己和他相等，很自负；二过慢，指对那些和自己相等的人，认为自己胜过了他，对那些胜过自己的人，认为自己和他相等；三慢过慢，指对那些胜过自己的人，认为自己胜过了他；四我慢，不认识我及五蕴暂时和合，而认为有实我和我所对应的境界；五增上慢，指尚未证得果位而自以为已证得；六卑慢，认为和胜过自己很多的人差不多；七邪慢，指自己无德而自以为有德。另有九慢之说。诸种慢均以心高举为性。

③ 谄：梵语意译，佛教烦恼法之一，指矫揉造作掩饰自己过错的思想与行为，《大乘广五蕴论》指出："云何谄？谓矫设方便，隐己过恶，心曲为性。谓于名利，有所计著，是贪痴分，障正教诲为业。"

④ 曲：偏邪、不正直。

⑤ 清净觉海：喻指清净觉性广阔无边，犹如无垠之大海。

【白话】

善男子！末世众生仍然把四种颠倒的病相说成是佛法，所以被称为可怜悯之人。他们虽然勤勤恳恳地精进修行，但这只能是更增加了病态，正因为如此，像他们这样的人是不能入悟清净境界的。

善男子！末世众生不了解这四种颠倒的妄相，即使他们能以如来的证悟和行事作为自己修行的标准，但最后还是不能取得成就。或者还有一些众生，没有得到解脱，却声称自己已经得到了，没有获得证悟，却自称已经证悟；见到比自己修行有成就的人，心里便生起嫉妒。由于这类众生，没有断掉我爱，所以也不能入悟清净境界。

善男子！末世众生希望能够成道的愿望是非常好的，但是他们不愿求取根本悟解，而只是满足于多听些义理，认为这样自有好处。这其实只会增长了关于我的执见，反而阻碍了修行。所以，一切众生应当精进勤奋地降伏烦恼，生起巨大勇猛的心识，让未证得的得以证悟，未断尽的得以断尽。这样，即使贪、嗔、爱、慢、谄、曲、嫉妒等都处在有利于它们存在的环境中，也不会生起泛滥，使他相我相恩爱憎恨一切归于寂灭。佛认为这样的人，才能使我的欲望渐渐灭尽，成就渐渐积成，即使在求教于善知识的帮助时，也不会堕于不正确的邪见之中。如果这种人在求别人帮助时，又生出憎恶和爱恋，就不能入悟清净觉悟的空寂大海。

世尊宣说完毕后，为了再次强调他的说法，于是又用偈语总结道：

净业汝当知，一切诸众生，皆由执我爱，无始妄流转。未除四种相，不得成菩提，爱憎生于心，谄曲存诸念。是故多迷闷，不能入觉城。若能归悟刹，先去贪嗔痴。法爱不存心，渐次可成就，我身本不有，憎爱何由生。此人求善友，终不堕邪见，所求别生心，究竟非成就。

【解说】

众生之清净本性，因执常乐我净四颠倒而受污染。若要返归本性，一是要显人我空之理，二是要显法我空之理。二者中最关键的是要破我相。从人我空观来看，我相是妄执实有我体；从法我空观来看，我相是一切业智的载体，其最深的根源为藏识。只有从人我空和法我空两个层次上做到彻底断尽，才能返归清净本性。

佛祖释迦牟尼围绕上述观点，又具体分析了各类不能入悟清净觉境界的众生的情况，目的是为了更为具体地向末世众生指明一条修行之路，这便是所谓"对境不生"、"一切寂灭"。即六根不起，六境不对，泯灭主观，泯灭客观，物质和精神同一归于真寂的虚空，这个真寂的虚空便是所谓的圆觉境界。

普觉菩萨章

【原文】

于是普觉菩萨在大众中,即从座起,顶礼佛足,右绕三匝,长跪叉手而白佛言:大悲世尊,快说禅病①,令诸大众,得未曾有,心意荡然,获大安稳②。世尊!末世众生,去佛渐远,贤圣③隐伏,邪法增炽④,使诸众生,求何等人?依何等法?行何等行?除去何病?云何发心?令彼群盲⑤,不堕邪见。作是语已,五体投地,如是三请,终而复始。

尔时世尊,告普觉菩萨言:善哉!善哉!善男子!汝等乃能咨问如来如是修行,能施末世一切众生无畏道眼⑥令彼众生得成圣道。当今谛听,当为汝说。

时普觉菩萨,奉教欢喜,及诸大众,默然而听:

善男子!末世众生,将发大心⑦,求善知识,欲修行者,当求一切正知见⑧人,心不住相⑨,不著声闻缘觉境界,虽现尘劳,心恒清净,赞叹梵行,不令众生入不律仪⑩。求如是人,即得成就阿耨多罗三藐三菩提⑪。

末世众生,见如是人,应当供养,不惜身命。彼善知识,四威仪⑫中,常现清净,乃至示现种种过患,心无憍慢⑬,况复抟财妻子眷属?若善男子,于彼善友不起恶念,即能究竟成就正觉,心华发明,照十方刹⑭。

【注释】

① 禅病：指习禅所得的弊病，当时指佛祖释迦牟尼在上面经文中揭示的种种不得入悟清净圆觉境界的障碍，主要指迷智四相。

② 大安稳：大的安住稳持。

③ 贤圣：圣者与贤者。圣为证得正理，《大乘义章》卷十七指出："初地以上，息妄契真会正，名圣。"圣者为断惑证理已离凡夫之位者的通称。贤即与圣者为邻，但尚在凡夫之位者。圣贤的分类大小乘各各不一。《仁王经》立有三贤十圣，《璎珞本业经》立有四十二贤圣。最普遍的是四圣说，即声闻、缘觉、菩萨、佛，四圣与天、人、阿修罗、畜生、鬼、地狱等六凡，合称六凡四圣，是佛教对宇宙众生和证悟得道的生命体的划分。

④ 炽：指火烧得很旺。

⑤ 群盲：一群法盲，喻指末世众生不懂佛法者。

⑥ 无畏道眼：无所畏惧的得悟入道的方便法门或识体。

⑦ 发大心：谓发修菩萨行的心愿。

⑧ 正知见：即八正道之正见，指对佛教四谛真理的正确见解。

⑨ 心不住相：谓欲离凡夫烦恼境界，不应住色生心，不应住声香触味法生心。

⑩ 律仪："律"，梵语的意译，亦译"调伏"、"灭"、"离行"、"化度"、"善治"等，音译为"毗那耶"、"毗奈耶"、"毗尼"等，为佛教对出家的比丘（俗称和尚）和比丘尼（俗称尼姑）制定的禁戒，谓能制伏诸恶，故名；《毗尼母经》卷一指出："毗尼者，名灭，灭诸恶法，故名毗尼。"据《有部毗尼耶》卷九，律与戒不同，律是专门为出家比丘、比丘尼制定，在家信徒（俗称居士）不得闻。"仪"指佛教的仪式。

⑪ 阿耨多罗三藐三菩提：梵语音译，略称"阿耨三菩提"，意译为"无上正等正觉"、"无上正遍觉"、"无上正遍知"、"无上正等道"等，一般不作意译。佛教认为阿耨多罗三藐三菩提是能觉知一切真

理,并能如实了知一切事物,从而达到无所不知的一种智慧;这一智慧是超人的、至高无上的圣智,只有佛才具有,因为外道有觉,但是邪觉而非正觉;阿罗汉皆得正觉,但因其畏生死如牢狱,急于自度而不施普度,无平等心,故非正等;菩萨自觉觉他,具足正觉正等,但尚不如佛之觉行圆满,故非无上,所以《大智度论》卷八十五说:"惟佛一人智慧为阿耨多罗三藐三菩提。"大乘菩萨修行的全部内容就在于成就这种智慧。

⑫四威仪:指佛教徒的行、住、坐、卧都有一定的规范仪式,以保持严肃和庄重,故称。《戒疏》卷一指出:"行善所及,各有宪章,名威仪也,威谓容仪可观,仪谓轨度格物。"

⑬憍慢:傲慢。《百喻经》有"如彼人者,憍慢持力,痴无智慧"。

⑭刹:梵语的音译,指佛塔顶部的装饰,即相轮。《洛阳伽蓝记·永宁寺》载有:"中有九层浮图一所,架木为之,举高九十丈,有刹复高十丈,合去地一千尺。"刹亦指佛寺前的幡杆,因此称佛寺为寺刹、梵刹、僧刹等。《文选·头陀寺碑》中有"列刹相望"之说,《宋史·危稹传》载有:"漳俗视不葬亲为常,往往栖寄僧刹。"

【白话】

佛祖释迦牟尼宣说完毕偈语后,普觉菩萨在大众中离座而起,他走到佛祖面前,用自己的头顶触摸佛祖的脚面,然后起立右转,围着佛祖绕了三圈,又长跪在地双手合掌对佛祖说:大慈大悲的世尊,您对修禅出现的诸种病状的描述,快言快语,令人痛快淋漓。这让我们诸位菩萨和与会的法众得到了一种从未有过的轻松,更使我们心意荡然激动,大家都觉得从您这里获得了极大的安住和稳持。世尊!末世众生将来生活的时代,离佛在世的时间逐渐会变得久远,那个时候贤哲圣人也都会隐居不出,外道邪法却会日益增强猖盛。这种情况下,要使众生求助什么样的人呢？依靠什么样的法呢？修怎么样的行呢？去断除什么样的病患呢？怎样才能使这些群盲不至于堕入外道邪见之中呢？普觉菩萨乞请完毕后，将五体投地，对佛祖再行礼拜，如此反复了三次，以表达他的虔诚之请。

普觉菩萨乞请礼拜完毕后，佛世尊便开口对他说道：善哉！善哉！善男子！你能为末世众生咨问如来的修行，能施予末世众生无所畏惧的道眼，使这些众生生起信心，得到成为圣贤的根本之道。现在，你们仔细听着，我将开始为你们宣说。

普觉菩萨听佛祖释迦牟尼说要亲自宣说法理，为能亲自聆听佛祖的教诲，感到十分欢喜，其他与会的法众也都鸦雀无声，默默地听佛祖开始宣说：

善男子！末世众生中那些发起大的心愿，求善知识引导帮助，想要修行的人，应当首先寻求有一切正确见解的人来帮助自己。因为有正确见解的人，他内心不执持任何事物，又不会执着于声闻缘觉的二乘境界，虽然他身处在世俗的尘埃和劳作之中，但心却是永恒清净的；他会向众生显示各种过患，赞叹清净无上的真实梵行，不会使众生去做违逆佛教戒律与仪礼的事情。末世众生中欲修行者，能求得这样的人来引导，便能够成就阿耨多罗三藐三菩提。

末世众生如果见到这样的人，应当发心供养他，不惜献出自己的身体性命。这种具有善知识的人，在行、住、坐、卧日常生活的四威仪中，常常会示观清净，以致会向众生示现修行的种种过患，而他自己却不会生起半点点的傲慢，对待自己身外的食物、财宝、妻子、眷属更不会有吝啬之心。如果善男子与这样的人交往寻求引导，心里就不会生起种种不善的念想，就能够在最终成就正道正觉，内心的智慧之光，便会明亮地照彻十方佛的世界。

【解说】

佛祖释迦牟尼在前面回答净诸业障菩萨所提问题时，示说了众生觉性本净，但由众生从无始以来，妄执有我、人、众生、寿命四相，认四颠倒为实我体，妄生嗔爱，生妄业道，故不能入于清净觉海。要求得圆觉性，须破除我相、人相、众生相和寿命相，追寻我空法空之理，方可有所成就。但对于末世众生，他们生活的时代，离现代肯定很遥远，那时候将怎样才能求得正道呢？所以，普觉菩萨以广济末世众生之慈悲心，向佛祖发问，请佛祖示说将来众生求什么人、依什么法、修何等行、除什么病、怎样发心等。这些问题，在佛祖释迦牟尼看来，至关重要的问题只有两个，即一是求什么人的问题，二是除什么病的问题。

在回答求什么人的问题时，佛祖释迦牟尼又强调了两点，一是求怎样的人，二是如何对待这样的人。佛祖释迦牟尼指出，应求那些心不住相，尤其是不执着于声闻缘觉境界的具有一切正知正见的人，他们虽然身在尘境中，但心性是永远清净的，他们会引导末世众生不做违背佛法的事，会引导末世众生成就无上正等正觉。另外，这种人在日常生活中常现清净，还能给末世众生示现修行中的各种过患，他们态度谦和，不吝啬财物妻子。末世众生求得这样的人后，就要真心实意地供养他，而且应不惜自己的身命，尤其是在他引导下修行过程中，要不再生起恶念。如果能做到这样，末世众生就终有成就。

【原文】

善男子！彼善知识，所证妙法，应离四病，云何四病？

一者作①病。若复有人，作如是言：我于本心，作种种行，欲求圆觉。彼圆觉性，非作得故，说名为病。

二者任②病。若复有人，作如是言：我等今者，不断生死，不求涅槃，生死涅槃，无起灭念，任彼一切，随诸法性，欲求圆觉。彼圆觉性，非任有故，说名为病。

三者止③病。若复有人，作如是言：我今自心，永息诸念，得一切性，寂然平等，欲求圆觉。彼圆觉性，非止合故，说名为病。

四者灭④病。若复有人，作如是言：我今永断一切烦恼，身心毕竟空无所有，何况根尘⑤，虚妄境界，一切永寂，欲求圆觉。彼圆觉性，非寂相⑥故，说名为病。

离四病者则知清净，作是观者，名为正观⑦；若他观者，名为邪观。

【注释】

① 作：亦称"作意"，指使心警觉引起活动的精神作用。

② 任：放任不精勤修习。

③ 止：亦称"止寂"，指使所观察对象住心于内，不分散注意力。

④ 灭：即坏灭。

⑤ 根尘：即根境，指六根与六境。

⑥ 寂相：寂灭的相状。

⑦ 正观：正确的观修。

【白话】

善男子！末世众生寻求的这位善知识所要求证的玄妙佛法，应该是远离四种病相的。那么，什么是四种病相或四病呢？

一是作病。如果有人这样说道：我在自己本心中，做种种修行，欲想求得圆满觉悟。这个人想要求的圆满觉悟自性，不是依靠作意就能够得到的。所以，这被称为作病。

二是任病。如果有人做这样的想法：我们现在不去断灭生死轮回，也不去求取涅槃，生死轮回和涅槃，既不会在我们念想中生起，也不存在在我们念想中断灭，我们只是放任一切去随顺迎合诸法的本性，以此想求取圆满觉悟。这种想法也是病相，因为圆满觉悟的自性，不是放任一切就能够去随顺迎合的而使之存在的。所以，这被称为任病。

三是止病。如果有人这样认为：我现在的自性心，在于永远息灭诸种念想，由此就能够得到一切自性，心中也就会寂然平等，我欲想以此来求取圆满觉悟。这种认识亦为病相，因为圆满觉悟，不是因为心止住于某处而契合生出的。这被称为止病。

四是灭病。如果有人做这样的观想。我现在要永远断除一切烦恼，因为一切有烦恼的身心，最终都是空无所有；众生的眼、耳、鼻、舌、身、意诸种根和相对应的污秽的尘境，也都是虚妄的境界，我定使这些一切都永远寂灭，以此来求取圆满觉悟。这种观想亦为病相，因为圆满觉悟的自性，并不是寂灭，只是人为地创造出来的寂灭。这被称为灭病。

离开了以上四种病，就能知道什么是清净。能够做这样观想的，被称为正观；如果采取其他观想的方法，都可称为是邪观。

【解说】

示说应该除什么病，是佛祖释迦牟尼回答普觉菩萨所问的另一重点。概括起来看，佛祖释迦牟尼认为应该除去四病，一是作病，二是任病，三是止病，四是灭病。作病所以为病，是因为一开始就是错误的修行，因为它使修行者作意发起警觉，而放弃了佛祖在前面经文中所宣说的修圆满觉悟，应先悟本有之清净，然后发起幻智作观，证幻相永灭，最后得成圆满觉悟的菩萨。所以，作病的错觉在于起点就错了。任病所以为病，一是这种修行者放任自流，不精勤修习，二是因为这种修行者误解了佛祖释迦牟尼在前面经文向普眼菩萨宣说的"觉成就故"、不与法缚，不求法脱，不厌生死、不爱涅槃的根本义。这里的不与法缚、不求法脱、不厌生死、不爱涅槃的前提是"觉成就故"，也就是求得了成就的觉悟，没有成就觉悟而放任自流，当然是一种病相。止病所以为病，是因为对不起念的静观的误会，持这种病相的修行者自以为心中息念，便可以得到诸法寂性，可以见外境平等无差，这实际上是取静为行，以求静为目的，不是在修静观。修静观的关键仍是先悟圆觉性，后依净觉心，再了悟即动即静而修诸行。灭病所以为病，是因为对修灭观产生了误会，持这种病相的修行者不了解断诸烦恼随顺寂灭的所指，不能知圆觉之性是真妄无别动静无别的，它似空非空，似灭非灭，不是把烦恼断灭就完全能契合随顺它的。佛祖释迦牟尼认为，如果能知道这种病相，就知道了清净境界。按此观想，即为正确的符合义理的观想；若不按此而按一些其他方法去观想，就是邪见。

【原文】

善男子！末世众生，欲修行者，应当尽命供养善友，事善知识。彼善知识欲来亲近，应断憍慢；若复远离，应断嗔恨。现逆顺境，犹如虚空。了知身心，毕竟平等；与诸众生，同体无异。如此修行，方入圆觉。

善男子！末世众生，不得成道，由有无始自他憎爱一切种子[①]，故未解脱。若复有人观彼怨家，如己父母，心无有二，即除诸病。于诸法中，自他憎爱，亦复如是。

善男子！末世众生欲求圆觉，应当发心作如是言：尽于虚空一切众生，我皆令入究竟圆觉，于圆觉中无取觉者[②]，除彼我人一切诸相。如是发心，不堕邪见。

尔时世尊，欲重宣此义，而说偈言：

普觉汝当知，末世诸众生，欲求知识者，应当求正见，心远二乘者。法中除四病，谓作止任灭，亲近无憍慢，远离无嗔恨，见种种境界，心当生希有，还如佛出世，不犯非律仪，戒根永清净，度一切众生，究竟入圆觉，无彼我人相，当依正智慧，使得超邪见，证觉般涅槃。

【注释】

① 种子：梵语的意译，佛教以植物种子会产生相应结果为喻，指识体能够直接产生事物的各类功能。此识体即指阿赖耶识，谓其中储藏有产生世界各种现象之精神因素。种子的来源有二，一为本有，指众生无始来先天具有；二为新熏，指众生后天由经验串习而积累。《成唯识论》卷二指出："种子各有二类：一者本有，谓无始束异熟识中法尔而有，生蕴、界、处功能差别；二者始起，谓无始来，数数现行熏习而有。"种子的作用不同，有各种类别，如能产生大地山河等人们共同依存的客观环境的种子，被称为共相种；决定个体自性差别的种子，被称为自相种；同佛教道德有联系的分为有漏种和无漏种。这些种子主要指人的先天本能和后天经验。《成唯识论》卷二又指出："诸种子者，谓诸相名分别习气。"它们被作为现实世界最直接的原因，是佛教无明烦恼理论的主要基石之一。

② 于圆觉中无取觉者：谓我若入圆觉，我即圆觉，众生也如此，本有清净心，不需要再行取著。这是一种等觉的平常心。

【白话】

善男子！末世众生中欲想修行的人，应当尽心尽力地供养志同道合的善友，侍奉善知识为师。所侍奉的善知识若想来亲近，你应当断除傲慢之心；善知识如果想离开，你也不要因此而生出嗔恨，认为他疏远了你而去亲近别人。这样，无论你是在受挫折的逆境中，抑或还是在诸事如意的顺境中，心境都不会波动，如同虚空一样广大。如此也就知道自己的身心最终就是虚空，自己与其他众生在本性是一样的，没有任何差别。能以这种方法修行，方能最后获得圆满觉悟。

善男子！末世众生之所以不能成佛，是因为他们不能放弃无始之际以来就存在的关于自我的执着，并因之而有憎恶和爱恋的习气种子作祟。所以他们不能得到解脱。如果有的人见到曾经与自己结过怨的人，仍视其如父母一样的自家人，心中不生异见，那他就可以除去心内原有的诸种病患。对世界上的其他各种事物，无论是自己或他人，无论是憎恶或者爱恋，都应该采取这种平等无二的态度。

善男子！末世众生要求得圆满觉悟，应当发心并做这样的想法：一切众生都同归于虚空，我都会让他们获得最后的圆满觉悟境界，我既获得了圆满觉悟，就不会有不能获得圆满觉悟的人，这一最终结果已断除了我相、人相及一切相。若能以这种认识来发大愿，就不会堕于邪见而阻碍成佛。

佛世尊宣说完上述教法后，为了再次强调他的教法，便用偈语的形式又总结道：

普觉汝当知，末世诸众生，欲求善知识，应当求正觉，心远二乘者。法中除四病，谓作止任灭，亲近无憍慢，远离无嗔恨，见种种境界，心当生希有，还如佛出世，不犯非律仪，戒根永清净，度一切众生，究竟入圆觉，无彼我人相，常依正智慧，使得超邪见，证觉般涅槃。

【解说】

从这节经文中，我们可以看出佛祖释迦牟尼的话头又回到了求什么人的问题上了。从众生自身的主观角度来说，应该求那些有一切正见的善知识，使其引导自己求证圆觉。佛祖释迦牟尼在这里又特别强调众生要迎合随顺善知识，不能因其对你亲近而傲慢，也不能因其远离你而产生嗔恨。在这一点上，应该心识如虚空一样广大。这是佛祖释迦牟尼对修行众生主体素质的进一步要求。与此同时，佛祖释迦牟尼还要求修行众生不但要有平等心，而且还要发起普度众生的心愿。佛祖认为，一切众生都是平等的，特别是那些曾经和自己有过怨恨的，仍要视之和一家人一样。能做到这一点，既可使自己在修行中不生起异见，又可以除去自己内心原有的诸种病患。

按照大乘佛教的义理，所谓普度众生，去救度无边无量的众生，实际上是因为根本无有众生可以灭度。此即经中"于圆觉中无取觉者"一句的根本含义。按此，佛祖在这里反复强调的求什么人的问题，依然是一种权便的方便法门。

圆觉菩萨章

【原文】

于是圆觉菩萨在大众中，即从座起，顶礼佛足，右绕三匝，长跪叉手而白佛言：大悲世尊，为我等辈，广说净觉种种方便，令末世众生有大增益。世尊！我等今者已得开悟。若佛灭①后，末世众生未得悟者，云何安居②，修此圆觉清净境界？此圆觉中三种净观③，以何为首？惟愿大悲，为诸大众及末世众生，施大饶益。作是语已，五体投地，如是三请，终而复始。

尔时世尊，告圆觉菩萨言：善哉！善哉！善男子！汝等乃能问于如来如是方便，以大饶益施诸众生，汝今谛听，当为汝说。

时圆觉菩萨，奉教欢喜，乃诸大众，默然而听：

善男子！一切众生，若佛住世④，若佛灭后，若法末⑤时，有诸众生，具大乘性⑥，言佛秘密大圆觉心。欲修行者，若在伽蓝⑦，安处徒众，有缘事故，随分思察，如我已说。

【注释】

① 佛灭：此处指佛教创始人释迦牟尼寂灭去世。

② 安居：梵语的意译，又译为"雨安居"、"夏安居"，佛教僧侣修行生活中的一种制度。在古印度雨期的三个月（约五月至八月）

里，禁止僧尼外出，以为外出易伤草木小虫，应在寺里坐禅修学，接受供养。这段时期称为安居期。在中国，安居期在农历四月十六至七月十五日。在南亚、东南亚各国称为"雨安居"，在中国称为"夏安居"，或简称"夏坐"、"坐夏"开始阶段称为"结夏"，结束时称为"安居竟"、"解夏"。

③ 三种净观：指前面经文中佛祖释迦牟尼宣说的奢摩他、三摩钵提和禅那。

④ 佛住世：此处指佛教创始人释迦牟尼在世的日子。据汉译佛典《善见律毗婆娑沙》"出律记"，释迦牟尼的生卒年代为公元前565年至公元前485年，约与中国的孔子同时。据称，释迦牟尼于二十九岁时出家修道，经六年苦修，达到觉悟，从而创立了佛教。此处佛住世当时释迦牟尼三十五岁创立佛教至八十岁寂灭共四十五年的时间。

⑤ 法末：特时佛法受凌夷的时期。

⑥ 具大乘性：谓指有一类众生曾于过去世，闻听过佛的说法，得大乘义，熏成大乘种，种下了大乘种性。此类众生称为"具大乘性"。

⑦ 伽蓝：梵语音译的略称，全译为"僧伽蓝"、"僧伽罗摩"，意译为"众园"，梵汉并称作"僧园"、"僧院"，原指修建僧舍的基地，转而为包括土地、建筑物在内的寺院的总称。《十诵律》卷五十六指出："地法者，佛听受地，为僧伽蓝故，听僧起房舍故。"

【白话】

佛祖释迦牟尼宣说完毕偈语后，圆觉菩萨在大众中离座而起，他走到佛祖面前，用自己的头顶触摸佛祖的脚面，然后起立右转，围着佛祖绕了三圈，又长跪在地双手合掌对佛祖说：大慈大悲的世尊！您已经为我们广泛宣说了清净觉悟的种种方便法门，使末世众生获得了极大无上的利益。世尊！我们听了您的教诲后，已经取得了开悟。如果佛离开我们而入于寂灭，末世众生中那些没有抓住入悟机会的修行者，应怎样安居来修习证得清净圆满觉悟的境界呢？在修习证得圆满觉悟境界中，三种修净观哪一种应该排在首要的位置呢？惟愿大慈大悲的世尊，为了诸位与会的大众和末世众生，请再行施予我们极大无上的利益吧！圆觉菩萨乞请完毕后，将五体投地，对佛祖再行礼拜，如此反复了三次，以表示他的虔诚之请。

圆觉菩萨乞请礼拜完毕后，佛世尊便开口对他说道：善哉！善哉！善男子！你能为诸大众和末世众生咨问如来修行的方便法门，准备以更大的恩泽和利益施予诸众生。现在，请你们仔细听着，我将为你们解说。

圆觉菩萨听佛祖将要说法，为能获得佛祖的亲自教诲，内心充满了喜悦之情，与会的诸位大众和菩萨，也都鸦雀无声，默默地开始听佛祖说法：

善男子！一切众生，无论是佛住于世的正法时期，还是佛辞世后的寂法时期，以及在佛法受凌夷的末法时期，都有一大批具备了大乘种的众生，他们满怀信仰佛教的秘密大圆满觉悟的玄妙之心。想要修习佛法的人，假若住在寺院里，就要与寺里的同道和睦相处，大家共同修行，随顺迎合满足成佛的因缘，做种种事相的分别和进行观察思考。关于这一点，我已经在前面多处讲过，于此就不再多说了。

【解说】

在本节经文中，圆觉菩萨为了末世众生的利益，向佛祖释迦牟尼提出了两个问题：一、佛灭后未开悟的众生怎样安居修习圆觉清净境界；二、在修习圆觉清净境界的三种观法中哪一个最为重要。

佛祖释迦牟尼在回答圆觉菩萨所提的两个问题之前，再次强调了修习圆觉清净境界的主观和客观条件。从主观方面来看，他认为无论是在什么时期，总是有具备大乘种性的众生，这些众生根器敏慧，有修习圆觉清净境界的主观能动性或主体自觉性。从客观条件来看，首先是安居于一定的场所，其次是要处理好与志同道合者的关系，然后再进行观察和静思。这实际是佛祖释迦牟尼在前面经文中反复强调的先求清净心而再起幻智的第一步。正因为如此，佛祖释迦牟尼才说"如我已说"。

【原文】

若复无有他事因缘，即建道场①，当立期限，若立长期百二十日，中期百日，下期八十日，安置净居。若佛现在，当正思惟；若佛灭后，施设形像②，心存目想，生正忆念，还同如来常住之日。悬诸幡③华，经三七日，稽首④十方诸佛⑤名字，求哀忏悔，遇善境界，得心轻安，过三七日，一向摄念⑥。若经夏首⑦三月安居，当为菩萨清净止住⑧。心离声闻，不假徒众。至安居日，即于佛前，作如是言：我比丘⑨、比丘尼⑩、优婆塞⑪、优婆夷⑫某甲、踞菩萨乘，修寂灭行，同入清净，实相住持，以大圆觉为我伽蓝。身心安居，平等智性，涅槃自性，无系属故。我今敬请，不依声闻，当与十方如来⑬及大菩萨，三月安居，为修菩萨无上妙觉大因缘故，不系徒众。

【注释】

①道场：梵语意译，音译为"菩提曼拏罗"，原意专指佛成道的场所，后转引出众多含义，分别为：道场谓修行所据之佛法，《维摩经·菩萨品》指出："三十七品是道场。"道场指供佛祭祀的地方，《止观辅行传弘决》卷二指出："今以供佛之处名为道场。"道场指修行学道之处，《维摩诘经》卷四注指出："闲宴修道之处，谓之道场

也。"道场亦指某些法会,如"慈悲道场"、"水陆道场"等。此处道场指修行学道之处。

②施设形像:谓施造设置佛的形像。佛教早期没有佛像的制作,认为制作佛像是对佛的亵渎。公元前后,始有佛像出现,不少大乘佛典也开始讲造像的功德。佛德从形式上分有如下几种:雕塑像,包括铸像、锤鍱像、木像、石像、泥塑像、夹纻像、纸泥像、砖像、蜡像等,其中铸像又分为金像、银像、金铜像、铁像等。画像,包括绢或纸上的画像、壁像、刺绣、织像等。佛像从姿态分,有立像、坐像、倚像、卧像、飞行像等。从高度分,有丈六像、半丈六像、大佛像(丈六以上)、等身像(与发愿造像者等高)等。佛像一般是出家男相,身着袈裟,头不戴冠而有发髻;也有裸身的佛诞像(为一小孩像,裸身,右手指天,左手指地)。佛的各种像,手势(印契)、持物、身色、衣色等都各有特定含义。

③幡:梵语的意译,音译为"波哆迦",原意为旌旗的总称,佛教用来与盖、幢一起供养佛、菩萨像等。《长阿含经》卷四提出:"以佛舍利置于床上,使末罗童子举床四角,擎持幡盖,烧香散花,伎乐供养。"幡有种种颜色,如《佛般泥洹经》卷上载,有青、黄、赤、白、黑等色,也有上绘狮、龙等图像的。

④稽首:礼拜。

⑤十方诸佛:佛教认为东、南、西、北,四维、上下,共十方均有佛,故称"十方诸佛"。如东方香积世界的阿閦佛、南方欢喜世界的宝相佛、西方极乐世界的阿弥陀佛、北方莲花世界的微妙声佛等。

⑥一向摄念:"一向",完全而绝对的意思,谓彻底放弃思量计较;"摄念",收摄妄念,完成正规,直契圆觉。

⑦夏首:谓夏日安居期之初。

⑧止住:安居止息,含有下文中说离开声闻小乘,止住大乘义的意思。

⑨比丘：梵语音译，又译"比刍"、"苾刍"、"苾蒭"、"煏刍"、"备刍"、"比呼"等，意译为"乞士"、"乞士男"、"熏士"等，指出家后受过具足戒的男僧，《大智度论》卷三指出："比丘有五义，乞士、破烦恼、出家、净持戒、怖魔。"

⑩比丘尼：梵语音译，亦译"苾刍尼"、"苾蒭尼"、"煏刍尼"、"比呼尼"等，意译为"乞士女"、"除女"、"薰女"等，也称"沙门尼"。俗称"尼姑"。"尼"，指女子出家后受过具足戒者。

⑪优婆塞：梵语音译，亦译"乌波索迦"、"优波裟迦"、"伊蒲塞"，意为"清信士"、"近事男"、"近善男"等，指亲近归依三宝（佛教以佛、法、僧为三宝），接受五戒的在家男居士，亦通称一切在家的佛教男信徒。

⑫优婆夷：梵语音译，亦译"优婆斯"、"邬婆斯迦"，意译为"近事女"、"近善女"、"近宿女"、"信女"、"清信女"，指接受五戒的在家女居士，亦通称一切在家的佛教女信徒。

⑬十方如来：佛教认为如来遍现各方，所谓四方、四隅、上下均有如来现身。

【白话】

修行者如果不再有别的事情的因缘干扰，那就应马上去建立修行的道场，给自己订立修行的期限，如果要订立长期的则是一百二十天，中期的是一百天，短期的是八十天，然后即安心居道，潜心修行清净。如果佛在世，就要按照佛的教导，生起正确的思维；如果佛已离世，则要建造施设佛像进行供养，心中时时念佛，眼看着佛像而作观想，如果能怀有正当的忆念，一切都会同如来在世一样。同时，还要在修行的道场中悬挂各种幡，用鲜花供养佛像，经过二十一天，顶礼膜拜十方三世诸佛，口里念诵他们的佛号，心中求得慈悲哀悯，常做忏悔，便会在这样的善境界里，心中生出轻松安适的感觉。再过二十一天，把因为供养礼佛得到的利益，转加到心的修行方面，约束身心，坚持念想佛的名字，由此进入寂静境界。如果是在夏安居三个月之初，修行者应当首先奉行清净的菩萨乘，即大乘的修行方法，心中止住声闻小乘的妄念，不受别人的干扰，自己安心修道。在安居日里，修行者应该在佛像面前做这样的誓言：我是比丘、比丘尼、优婆塞或优婆夷中的某某，我要在菩萨乘中，修习清净寂灭，同菩萨一样进入清净境界，掌握般若实相，以大圆满觉悟为我心中的寺院，让我的身心安居于一切众生自性平等没有差别的智慧之中，使涅槃的自性没有任何牵系，没有任何归属。今天，我虔诚地向诸佛如来发愿祈请，不依靠声闻小乘的力量，当与十方如来和大菩萨们一起安居三个月，为修行菩萨乘的无上玄妙觉悟为最大因缘，而不会影响其他徒众的独自证得。

【解说】

这节经文是佛祖释迦牟尼向诸菩萨和与会法众宣示的如何在安居期内修习清净圆满觉悟境界。归纳起来，总的要求是：订立修行期限、建立道场、施供佛像、观像起正观、念佛名号、发大愿等。这些环节可以说是大乘佛教修行的根本环节，一直延续至今。

【原文】

善男子！此名菩萨示现安居，过三期日[①]，随往无碍。善男子！若彼末世修行众生，求菩萨道，入三期者，非彼所闻，一切境界，终不可取。

善男子！若诸众生，修奢摩他，先取至静，不起思念，静极便觉。如是初静，从于一身至一世界，觉亦如是。善男子！若觉遍满一世界者，一世界中，有一众生起一念者，皆悉能知，百千世界亦复如是。非彼所闻，一切境界，终不可取。

善男子！若诸众生，修三摩钵提，先当忆想十方如来，十方世界一切菩萨，依种种门，渐次修行勤苦三昧，广发大愿，自熏成种。非彼所闻，一切境界，终不可取。

善男子！若诸众生，修于禅那，先取数门②，心中了知生住灭念，分齐头数，如是周遍，四威仪中，分别念数，无不了知知，渐次增进，乃至得知百千世界，一滴之雨，犹如目睹，所受用物。非彼所闻，一切境界，终不可取。

是名三观初首方便。

【注释】

① 三期日：即上文所谓长期、中期、短期。
② 数门：数种修习的法门。

【白话】

善男子！这被称为菩萨示现安居，等过了长期、中期或短期的日子，修行者就能随心所欲独自往来而不遇障碍。善男子！如果那些末世修菩萨行的众生，要想求得菩萨道，进入安居期订立长期、中期或短期的修行者，凡不是应该求证的一切境界，千万不可去争取。

善男子！如果诸众生修习奢摩他止法，先要求取达到至为寂静的境界，于是便会在心中不再生起思念的活动而进入寂静，寂静如果到了极其静的程度，便会得到最后的觉悟。像这样的极静，会从一身扩张到一个世界，使这一世界整个都寂静；由此推之，觉悟也是这样，也是有了最初的觉悟，然后到全身，最后扩张到一世界。善男子！如果觉悟遍满了一个世界，在这个世界中，只要众生中有一人生起了一个念头，那么这个世界都会被牵动，任何人都能知晓。由此推知，一百个一千个世界都会是这种情况。但是，凡不是应该求证的一切境界，千万不可去争取。

善男子！如果诸众生要修习三摩钵提的定法，首先应当忆想十方如来，十方世界，十方菩萨，然后依靠种种方便法门，循序渐进的修行，勤苦修习三昧，广泛发起大愿，自己依然久久熏习的力量促成习惯性思维，演成种性。但是，如果是不应该求证的一切境界，千万不要去追求。

善男子！如果诸众生要修习禅那，首先要摄取数种修心的法门，然后在心中生起了生、住、灭的念想，依靠这几种念想，再分别采用不同的法门，对事物和现象进行有针对性、有目的的观想修心，最后把所有法门全部修习完。进而在行、住、坐、卧四威仪里，再进行分别观想，数数对治，无不以观想一一涉及，再以观想一一体认，然后循序渐进地增进定力，直到最后，对百世界千世界的一滴雨水，也想去认知，好像要用眼睛去看到所有的事物。但是，如果是不应该求证的一切境界，千万不要去争取。

以上的观奢摩他、观三摩钵提、观禅那，被称为三观初首方便法门。

【解说】

佛祖释迦牟尼在这节经文中，重点讲述了前面提到的修习三观的具体方法和步骤。修奢摩他观法的要点是静，由极静而觉悟；修三摩钵提的要点则是忆想默观，熏习成种性；而修禅那观的要点是摄取数种法门，分别念想生、住、灭、以及行、住、坐、卧四威仪。修行的结果是由一身至一世界而至百世界、千世界。其中尤当注意的是在修行过程中，凡是不应该去求证的一切境界，都不应该去争取。这是佛祖释迦牟尼所特别强调的。

【原文】

若诸众生遍修三种勤行精进,即名如来出现于世。若后末世,纯根众生,心欲求道,不得成就,由昔业障。当勤忏悔,常起希望,先断憎爱、嫉妒、谄曲,求胜上心,三种净观,随学一事。此观不得,复习彼观,心不放舍,渐次求证。

尔时世尊,欲重宣此义,而说偈言:

圆觉汝当知,一切诸众生,欲求无上道,先当结三期,忏悔无始业。经于三七日,然后正思惟,非彼所闻境,毕竟不可取,奢摩他至静,三摩正忆持,禅那明数门,是名三净观。若能勤修习,是名佛出世,钝根未成者,常当勤心忏,无始一切罪。诸障若消灭,佛境便现前。

【白话】

如果诸位众生,遍修奢摩他、三摩钵提和禅那三种观法,勤奋修行,精进不懈,这便是如来再现于世。如果是后出的末世中那些反应迟缓钝根在身的众生,他们想求取正道,而总不能得到成就,这是因为他们过去造的恶业太重,存在业障的缘故,所以才会如此。这样的话,他们就应该经常忏悔,心中不放弃希望,先把憎恶、爱意、嫉妒、谄曲各种贪欲消灭,精进努力,立下志向,求胜上心,在三种清净观法中,随便选择一种进行修习,如果一种不行,就再换一种。总之,找到适合于自己的观法,心不放逸舍弃,坚持修行,步步深入,最后终会获得求证。

佛祖释迦牟尼宣说完上述教法后,为了更进一步强调他的说法,于是又用偈语总结道:

圆觉汝当知,一切诸众生,欲求无上道,先当结三期,忏悔无始业。经于三七日,然后正思惟,非彼所闻境,毕竟不可取,奢摩他至静，三摩正忆持，禅那明数门，是名三净观。若能勤修习，是名佛出世，钝根未成者，常当勤心忏，无始一切罪。诸障若消灭，佛境便现前。

【解说】

佛祖释迦牟尼在这节经文中，重点强调了两个问题。一是末世众生中那些根器不敏者，要树立主体的地位，不要灰心丧气，只要心诚，就能够达到目的。二是他回答了圆觉菩萨所问的三种清净观，何者为首的问题。佛祖认为，这三种清净观都有无比的效果，不分彼此，何者为首，是因人而异的。这种认识在理论表现了大乘佛教因缘随顺的思想。

贤善首菩萨章

【原文】

于是贤善首菩萨,在大众中,即从座起,顶礼佛足,右绕三匝,长跪叉手而白佛言:大悲世尊,广为我等及末世众生,开悟如是不思议事。世尊,此大乘教名字何等?云何奉持?众生修习得何功德①?云何使我护持经人,流布此教?至于何地?作是语已,五体投地,如是三请,终而复始。

尔时世尊,告贤善首菩萨言:善哉!善哉!善男子!汝等乃能为诸菩萨及末世众生,问于如来如是经教功德名字。汝今谛听,当为汝说。

时贤善首菩萨,奉教欢喜,及诸大众,默然而听:

善男子!是经百千万亿恒河沙诸佛所说,三世如来②之所守护,十方菩萨之所归依③,十二部经④清净眼目。是经名《大方广圆觉陀罗尼》,亦名《修多罗了义》,亦名《秘密王三昧》,亦名《如来决定境界》,亦名《如来藏自性差别》,汝当奉持。

【注释】

①功德:"功",指做善事;"德",指得福报。一般指念佛、诵经、布施等,据说因此可得善的报应。《大乘义章》卷九指出:"言功德者,功谓功能,善有资润福利之功,故名为功。此功是其善行家德,名为功德。"《仁王经疏》亦指出:"施物名功,归己曰德。"

《胜鬘经宝窟》卷上也指出:"恶尽言功,善满曰德,又德者得也,修功所得,故名功德也。"

②三世如来:指三世佛,即过去佛迦叶诸佛、现在佛释迦牟尼佛、未来佛弥勒佛。

③十方菩萨之所归依:"十方菩萨"指各方菩萨、诸多菩萨;"归依",梵语意译,亦译"皈依",与"信奉"义同,《大乘义章》卷十指出:"归投依伏,故曰归依。归投之相,如子归父,依伏之义,如民依王。如怯依勇。"信奉佛法僧谓之"三归依"。

④十二部经:亦称十二分教,指佛经体例上的十二种类别。据《大智度论》卷三十三,分别为:一、修多罗(经契),即经典中的长行直说;二、祇夜(重颂、应颂),与修多罗相应,重宣教义,采用颂体;三、和伽罗那(授记),佛给菩萨预言成佛的经文;四、伽陀(讽颂、孤起颂),采用偈的文体组成经文;五、优陀那(无问自说),无人发问,佛自宣说的经文;六、尼陀那(因缘),记述佛教化说法的因缘,如诸经的序品;七、阿婆陀那(譬喻),经文中的譬喻部分;八、伊提目多伽(如是经语),佛说弟子过去世因缘的经文;九、阇陀伽(本生),佛说自己过去世因缘的经文;十、毗佛略(方广),佛说方正广大的道理的经文;十一、阿浮陀达磨(未曾有),记佛显现种种神通的经文;十二、优波提舍(论议),问答和论议诸法意义的经文。十二部经中的修多罗(经契)、祇夜(重颂、应颂)、伽陀(讽颂、孤起颂)三类,是佛经的基本体裁,其余则是根据经文的内容立名。

【白话】

佛祖释迦牟尼宣说完毕偈语后,贤善首菩萨在大众中离座而起,他走到佛祖面前,用自己的头顶触摸佛祖的脚面,然后起立右转,围着佛祖绕了三圈,又长跪在地双手合掌对佛祖说:大慈大悲的世尊!您广泛地为我们及末世众生,宣说了怎样开悟的这种不可思议的教法。世尊！这个大乘教的名称有什么含义？为什么和怎样去奉持？众生修习它之后，能获得哪些功德？我们应当怎样来维护受持这部经典，让它广为流传？可将它传到哪些地方？贤善首菩萨乞请完毕后，将五体投地，对佛祖再行礼拜，如是反复了三次，以表达他的虔诚之请。

贤善首菩萨乞请礼拜完毕后，佛世尊便开口对他说道：善哉！善哉！善男子！你能为诸位菩萨和末世众生，咨问如来本经能带来的功德利益，以及它的名称。现在，请你们仔细地听着，我将为你们解说。

贤善首菩萨听佛祖释迦牟尼将要说法，为能亲自听到佛祖的教诲，内心充满欢喜，其他与会大众，也都鸦雀无声，默默地听佛祖开始说法：

善男子！这部经是百千万亿，数量如同恒河沙数一样多的诸佛所宣说的，以后又由过去佛、现在佛、未来佛三世如来守护，十方诸多菩萨又都归依于它。这部经也是全部佛经各种类别中的清净眼目，即是佛经的精华，像眼睛一样，能使人认清一切，从而获得正道。这部经的全名叫《大广方圆觉陀罗尼》，也被称为《修多罗了义》、《秘密王三昧》、《如来决定境界》、《如来藏自性差别》等多种名称，你们应当虔诚地奉持它。

【解说】

贤善首菩萨向佛祖释迦牟尼乞请的诸多问题，如此经名称、怎样奉持、有何功德、怎样流传等，实际上是带有总结性的问题。因此，佛祖释迦牟尼在本文经文中照例赞扬了贤善首菩萨所问后，主要指出了此经是何佛宣说、哪些佛守护、什么菩萨归依，以及这部经在整个佛经中的地位，还有这部经的几种名称等。如前所述，大乘佛教较小乘佛教来看，其宗教神秘主义更甚，因而学术界认为小乘佛教经典在一定程度上具有史料的价值，而大乘佛教经典则明显带有故弄玄虚的特征。正因为如此，就不难理解佛祖释迦牟尼所谓此经是百千万亿数量如同恒河沙数一样多的诸佛宣说、三世佛护持、十方菩萨归依的宗教神秘主义说教。值得注意的是这部经的不同名称，共有五个，这些不同的名称是选取的角度不同的差别，《大方广圆觉陀罗尼》，显示其作用、地位及范围；《修多罗了义》，显示了其类别及特征；《秘密王三昧》，显示了其主旨；《如来决定境界》，显示了其最终目标；《如来藏自性差别》，则显示了其修习主体的有关情况。总之，它的地位作用是总摄一切，主旨是如何修习，最终目标是达到圆满觉悟境界，同时还要充分发挥修习主体的自觉性等。

【原文】

善男子！是经惟显如来境界，惟佛如来能尽宣说。若诸菩萨及末世众生，依此修行，渐次增进，至于佛地。

善男子！是经名为《顿教大乘》。顿机[①]众生从此开悟，亦摄渐修一切群品[②]。譬如大海不让小流，乃至蚊虻及阿修罗，饮其水者，皆得充满。

善男子！假使有人，纯以七宝[③]积满三千大千世界，以用布施[④]，不如有人，闻此经名及一句义。

善男子！假使有人，教百恒河沙众生，得阿罗汉果，不如有人宣说此经，分别半偈。

善男子！若复有人，闻此经名，信心不惑。当知是人，非于一佛[⑤]二佛[⑥]种诸福慧[⑦]，如是乃至尽恒河沙一切佛所[⑧]，种诸善根。闻此经教，汝善男子，当护末世是修行者。无令恶魔及诸外道，恼其身心，令生退屈。

【注释】

① 顿机：顿悟根机。

② 品：佛经中的子目称为品。

③ 七宝：佛教常用名词，具体所指说法不一，《法华经》以金、银、琉璃、砗磲、玛瑙、珍珠、玫瑰为七宝；《无量寿经》以金、银、琉璃、玻璃、珊瑚、玛瑙、砗磲为七宝；《阿弥陀经》和《大智度论》以赤金、银、琉璃、玻璃、砗磲、珠、玛瑙为七宝；《般若经》以金、银、琉璃、砗磲、玛瑙、琥珀、珊瑚为七宝。

④ 布施：梵语的意译，简称"施"；音译为"檀"、"檀那"；六度之一，名檀波罗蜜多，意为施度、布施度无极等。指施与他人以财物、体力智慧等，为他人造福成智而求得积累功德以至解脱的一种修行办法。《大乘义章》卷十二指出："以己财事分布与他，名之为布，惙己惠人目之为施。"小乘佛教布施的目的，在破除个人吝啬和贪心，以免除未来世的贫困，《翻译名义集》指出："若内有信心，外有福田，有财物，三事和合，心生舍法，能破悭贪，是为檀那"。大乘佛教则与大慈大悲的教义联系，用于超度众生，《六度集经》第一章指出："布施度无极者厥则云何？慈育人物，悲愍群邪，喜贤成度，护济众生，跨天逾地，润弘河海。"其中所列布施对象，大大超出人类范围，遍及鹰虎鱼虾。值得注意的是，在部分大乘经典中，布施走向了极端，变成了对一切无理勒索者也要给予满足的信条，布施的范围从衣食车马至土地居室以及奴仆婢女、家人妻子直到个人的四肢五官、骨髓头颅，无所不包，从而使布施走上歧途。布施的分类很多，从所施来看有两种布施、三种布施、四种布施等；从受施来看，有五种布施。

⑤ 一佛：一个佛。

⑥ 二佛：两个佛。

⑦ 福慧：福田智慧。

⑧ 佛所：佛所在之处，即佛土、佛刹、佛国、佛世界。小乘佛

教主张一佛说,故其佛所即指释迦牟尼佛所在之地,称为婆娑世界;大乘佛教主张多佛说,认为过去、现在、未来三世及东西南北四维上下十方之内有无数佛,一佛一世界,故而有无数个佛世界。正因如此,本经此处谓"一切佛所"。

【白话】

善男子!惟有这部佛经才能尽显如来的境界,也惟有佛才能对这部经从不同的角度给予详尽、完善、透彻的说明。如果诸位菩萨和末世众生,依靠和根据这部经所讲的内容,发心修行,步步深入,最后就能达到成佛的境界。

善男子!这部经之所以又被称为《顿教大乘》,是因为有顿悟根机的众生都是从它开始而得到开悟的。同时,这部经也护摄那些只能渐悟修习的一切众生及其所依据的经典,这就好像浩瀚的大海,能容纳百川小溪一样。无论是蚊虻还是阿修罗,即如这类小虫和恶魔,一旦饮用了这种海水后,也都能充满欢喜而趋向成佛。

善男子!假若有人纯粹以黄金、白银、琉璃、砗磲、玛瑙、珍珠等七种宝物来填满三千大千世界,然后再用这些宝物进行布施,以获取功德,还不如有人听听这部经的名称或里面的一句话所获的功德大。

善男子!假若有人教化百千万亿数同恒河沙粒一样多的众生,使他们获得阿罗汉果位,还不如有人宣说这部经的教义,而且只宣说半句偈语就够了。

善男子,如果有人听说了这部经的名称后,就能坚定信心,不再被迷惑。你们应该明白地知道,这种人得到的不是一个佛两个佛种下的诸种小的福田智慧,而是由如恒河沙粒一样的一切佛所种下的诸种善根的巨大的福慧。听闻了这部经的名字和教法后,你们善男子们,应当守护末世的修行者,不要使他们被恶魔和诸外道扰乱身心，以免他们产生退屈之心或走上邪路。

【解说】

在这节经文中，佛祖释迦牟尼再次强调了这部经的作用和重要性，进而又用比较的方法，进行了具体的说明。在佛祖释迦牟尼的论述中，可以发现一切大乘经典的共同点，即对小乘佛教及其经典的超越和批判。

【原文】

尔时会中有火首金刚、摧碎金刚、尼蓝婆金刚等八万金刚，并其眷属，即从座起，顶礼佛足，右绕三匝而白佛言：世尊！若后末世一切众生，有能持此决定大乘，我当守护，如护眼目。乃至道场，所修行处，我等金刚，自领徒众，晨夕守护，令不退转。其家乃至永无灾障，疫病消灭，财宝丰足，常不乏少。

尔时大梵天王①，二十八天王，并须弥山王，护国天王等，即从座起，顶礼佛足，右绕三匝而白佛言：世尊！我亦守护是持经者，常令安稳，心不退转。

尔时有大力鬼王名吉槃荼，与十万鬼王，即从座起，顶礼佛足，右绕三匝而白佛言：世尊！我等亦守护是持经人，朝夕侍卫，令不退屈。其人所居一由旬内，若有鬼神侵其境界，我当使其碎如微尘。

佛说此经已，一切菩萨，天龙鬼神八部眷属②及诸天梵王等一切大众，闻佛所说，皆大欢喜，信受奉行。

【注释】

① 天王：护持佛教的天神。下文大梵天王、二十八天王、护国天王均属此。

② 天龙鬼神八部眷属：即天龙八部，亦称八部众、龙神八部，佛教天神，据《舍利弗问经》等载，指天众、龙众、夜叉、乾闼婆（香神或乐神）、阿修罗、迦楼罗（金翅鸟）、紧那罗（非人、歌人）、摩睺罗迦（大蟒神）。

【白话】

这时，在参加法会的大众中，有火首金刚、摧碎金刚、尼蓝婆金刚等八万金刚及其眷属，他们一起离座而起，用头顶触摸佛祖的脚面，并对佛祖说："大慈大悲的世尊！如果末世一切众生，有能够持守坚定大乘信仰的人，我们一定要好好地守护他们，就像保护自己的眼睛一样。凡是他们的修行道场，我们各位金刚决心各自带领自己的部属，从早到晚进行守护，使他们坚信佛法，修持道行的信念之力不会退转，并使他们的家庭眷属永远不蒙受灾难，不会被瘟疫疾病侵害，家中的财宝丰富充足，永远不会减少。

随后，法会上的大梵天王、二十八天王、须弥山王和护国天王等，也都离座而起，走到佛祖前面，用头顶触摸佛祖的脚面，起立右转，围着佛祖绕了三圈，然后对佛祖说：大慈大悲的世尊！我们也要守护持有这部经书的人，让他们经常能得到安稳，使他们奉佛的心不减弱不退转。

随后，法会上的大力鬼王吉槃荼与十万鬼王一同离座而起，他们也走到佛祖面前，用自己的头顶触佛祖的脚面，再起立右转，围着佛祖转了三圈，然后对佛祖说：大慈大悲的世尊！我们也决心守护那些奉持这部经书的人，从早到晚侍卫在他们的身旁，使他们的修道之心永不转退，使他们不受委屈；在他们居住之地方圆一由旬内，如果有鬼神侵犯、干扰，我们定会将其粉碎，使化为齑粉。

至此，佛祖释迦牟尼演说完了这部经，一切菩萨、天龙鬼神、八部眷属和诸位天王、梵王等一切大众，各因闻听了佛祖的说法，无不感到极大的欢喜，对佛教更加深信不疑，全都表示要受持奉行。

【解说】

这节经文是《圆觉经》三分（序分、正宗分、流通分）之流通分。佛教经典的流通分大致都是这种格式，内容也大同小异。